P9-EDX-907

Hacia un arte existencial

Reflexiones de un
pintor expresionista

BITÁCORA DE POÉTICA
4

INSTITUTO DE INVESTIGACIONES FILOLÓGICAS
SEMINARIO DE POÉTICA

EDUARDO COHEN

Hacia un arte existencial

Reflexiones de un pintor expresionista

UNIVERSIDAD NACIONAL AUTÓNOMA DE MÉXICO

1993

Primera edición 1993

D. R. ©, 1993, **Universidad Nacional Autónoma de México**
Ciudad Universitaria, 04510 México, D. F.

INSTITUTO DE INVESTIGACIONES FILOLÓGICAS

Impreso y hecho en México

ISBN 968-36-3473-7

A Esther, mi mujer.

A mis hijos:
   Moisés,
   Leonardo
   y Sara

AGRADECIMIENTOS

Quisiera agradecer a quienes de un modo u otro hicieron posible la publicación de este libro. Primero, a la doctora Elizabeth Luna y a la licenciada Alejandra Vigueras, directora y secretaria académica respectivamente del Instituto de Investigaciones Filológicas de la UNAM, por el amable interés que mostraron hacia la publicación de estos textos.

Deseo agradecer también a César González, coordinador del Seminario de Poética, la especial atención con que revisó los manuscritos. Sus comentarios críticos no sólo me ayudaron a aclarar ciertas ideas, sino que en algunos casos, me llevaron a profundizarlas. Otra de las personas que me alentó a publicar, fue mi estimado amigo y excelente escritor Andrés de Luna, a quien expreso mi agradecimiento. Debo mencionar el singular estímulo que recibí de Esther Cohen, mi querida hermana, quien me empujó de manera entusiasta y obstinada a rescatar estos ensayos que, aunque realizados con el mayor esmero, parecían destinados a terminar empolvados en un rincón de mi estudio. Sus observaciones críticas fueron igualmente de gran utilidad.

A mis alumnas que me acompañaron durante los cinco años que duraron los cursillos sobre arte de donde surgieron estas ideas, mi reconocimiento a su participación activa, la cual ayudó a nutrir estas reflexiones. Por último, agradezco a Esther Shabot, mi mujer, el haberme auxiliado en todos sentidos, a través de sugerencias, comentarios y traslado de estos textos, permitiendo con su capacidad y dedicación, que este libro fuese lo más legible posible.

PRÓLOGO

El tiempo actual revela las heridas de un siglo insolente. Nada parece detener las andanadas de frivolidad y estolidez que son piel y osamenta de estos días. Peter Greenaway filmó de manera implacable esa escena de *El cocinero, el ladrón, su esposa y su amante*, en la cual un hombre muere víctima de la intolerancia, su castigo consiste en devorar las páginas de esos libros que tan amorosamente ha cuidado. Por lo pronto, los tiranuelos tratan de violentar los hechos y convertir el conocimiento en zona de desastre o en paisaje después de la batalla.

Vistas así las cosas, impera el comentario visceral, el vocerío incierto o la palabra insulsa, por lo que es digno de aplaudirse que el pintor Eduardo Cohen se sumerja en el universo del arte y trate de analizar aquello que le inquieta. Sus anotaciones carecen del tono grandilocuente de aquellos que tratan a la "verdad" como a reses en un corral, a las que simplemente se les coloca un hierro ardiente para convertirlas en propiedad privada. Cohen está por encima de esas vanidades, lo que él pretende es juzgar un abanico de situaciones del arte contemporáneo a la luz de la filosofía y la estética. Esto lo hace en un ir y venir que a veces va de la reflexión detallada y formal al comentario lúdico, sin que en esto pierda un ápice de profundidad.

Es obvio que Eduardo Cohen convierte sus pensamientos en un elemento de transgresión, en una forma de acercarse a realidades que son profusamente complejas y que él las entiende y las juzga con un afán crítico. En ningún momento aparece la complacencia o la facilidad. Cohen prefiere la frase inteligente, la palabra que exprese con claridad ese viaje que ha emprendido alrededor de sus propias obsesiones y fantasmas. El artista conoce sus preocupaciones y el libro deriva estos asuntos en capítulos repletos de buena prosa y de un indudable apego al conocimiento del arte. Cuando se leen estos ensayos se agradece que el autor sea un hombre que ha pasado buena parte de su vida frente a un caballete. Esto le da el carácter especial a sus anotaciones, ya que el contenido del libro nace de esas dudas que jamás se convertirán en certeza pero que mucho avanzan en la medida que se les saca del olvido y se les dota de un armazón teórico.

Cohen es minucioso, se deleita con la frase aforística, va al corazón de los temas y llega a él con la vivacidad y el ingenio que parece inusual en un buen número de pintores. Por lo general ellos se contentan con el buen uso de los pinceles y las espátulas; consideran, y están en lo cierto, que es bastante con producir cuadros. Aún así, es doble mérito que artistas del renombre de Leonardo Da Vinci, Nicolás Poussin, o Paul Gauguin, para citar un trío de ejemplos, hayan hecho una aportación al saber artístico cuando decidieron abrir las compuertas de su imaginario técnico y plástico para beneficio de sus contemporáneos y de quienes se asomaran a sus textos en el porvenir. Desde ahora el libro de Cohen es fundamental para quienes decidan acercarse a un saber de una enorme apertura. Por lo pronto, hay que leerlo con lucidez, es la única exigencia de estas páginas ejemplares de *Hacia un arte existencial*.

ANDRÉS DE LUNA

PREFACIO

Los ensayos reunidos en este libro fueron escritos en un lapso aproximado de cinco años, entre 1985 y 1990. Originalmente fueron redactados con la intención de servir como referencia para unos cursillos que sobre teoría del arte impartí a mis estudiantes del taller de dibujo. Se trataba, más que nada, de sustentar reflexivamente un método de trabajo.

Sucedió, sin embargo, que siendo por naturaleza un pintor y no un académico, el rigor de ciertas reflexiones cedió el terreno a una tendencia errabunda, lírica y digresiva que me llevaba sin darme cuenta de un tema a otro con relativa frecuencia. Al revisar ahora (fines de 1993) estos trabajos diversos aprecio, no obstante su falta de disciplina metodológica, un hilo conductor que corre subterráneamente a lo largo de todos ellos y que les da una coherencia no evidente a simple vista.

Lo que a mi sentir puede hacer legible estos ensayos es el constatar que son la expresión conceptualizada de una práctica artística personal de varios lustros. Aun en nuestros días en que a los pintores ya no se les denigra por su supuesta carencia de cerebro ("tonto como un pintor", se decía todavía hace un siglo), se sigue pensando que el arte de la pintura es un arte de intuición pura, de arrebato inconsciente, de inspiración mística, o cosas por el estilo. Y se deduce que el pintor es una especie de "medium" a través del cual atraviesa y se expresa la magia inexplicable de la creación.

Y como la mayoría de los pintores no son en general muy dados a tratar de explicarse o explicar a los demás de un modo consecuente y elaborado lo que saben o intuyen que hay detrás de sus propuestas, los críticos les han arrebatado la palabra para "explicarnos" el por qué y el cómo del modo peculiar de pintar de cada artista. Es justo reconocer que los críticos a menudo han iluminado zonas que para el mismo artista permanecían oscuras, pero de ahí a que puedan entender por qué el pintor traza una línea aquí, pone una mancha allá, raspa la tela en un lugar y no en otro, siguiendo una lógica peculiar en la que la "reflexión" plástica y la voluntad intelectual se mezclan de manera impredecible, media un vacío insalvable. A un crítico común y corriente le será casi imposible entender, por ejemplo, a qué clase de renuncias se ve conducido un buen pintor cuando intenta eludir la solución fácil y se niega a hacer alguna concesión. Estos silencios deliberados, aparte de que pueden llegar a ser embriagadores para el artista, a la larga resultan tan elocuentes como lo que sí aparece en la obra y terminan siendo uno de los más grandes secretos del pintor sobre los que nadie puede hablar autorizadamente, más que él mismo.

La intención de estos ensayos es la de revelar de qué modo un artista puede pintar y pensar al mismo tiempo sobre lo que pinta; también es la de mostrar que un pintor que exalta el frenesí arrebatado de la pincelada y el color, puede también un minuto después, paradójicamente, abordar desde un ángulo psicoanalítico, semiótico, o político el por qué de pintar así y no de otro modo.

En estos trabajos no hay intentos de erudición, por más que cierta pedantería incontrolada se cuele en algunos párrafos. Si a ratos trato de hilar fino y me abandono a ciertas lucubraciones nada comunes en un pintor, es porque he dejado que corriera libremente el flujo de mis ideas sin imponerle cauces. Y es que me acosa simultáneamente una variedad de preocupaciones pictóricas junto con otras filosóficas, psicológicas y de todo tipo. Y aunque finalmente regreso al tema esencial, estas divagaciones a veces parecen ser totalmente gratuitas. Hay, sin embargo, una razón. Usualmente los artistas no somos pensadores sistemáticos. Nuestra debilidad es, paradójicamente, nuestra fuerza. Nuestra carencia de nitidez expositiva se compensa con este libre y creativo vagar siguiendo la lógica de la metonimia: ligando los temas por contigüidad. Para bien o para mal éste es un resultado más de la indisciplina típica de un temperamento expresionista.

El primer ensayo, "Hacia un arte existencial", trata de dar cuenta de un tránsito consciente y al mismo tiempo vivencial hacia un compromiso total con el expresionismo. Mi temperamento pictórico empezó a sufrir en esos momentos un proceso de dogmatización, dicho sin afán peyorativo.

En estas particulares reflexiones, empapadas de efluvios sartreanos, me muestro cada vez más intransigente respecto a otros modos de pintura. Después de pasar un buen tiempo tratando de conocer y entender todo acerca de las tendencias del arte moderno, desde el cubismo, el futurismo, el abstraccionismo, el dadaísmo, el surrealismo y los incontables demás ismos, había llegado a la conclusión de que todos poseían un valor histórico y que todos se legitimaban en la teoría. Pero, al mismo tiempo, me hallé de repente totalmente ajeno, temperamentalmente hablando, de todas estas manifestaciones del arte moderno (excepto en cierta medida del cubismo). Es en este sentido que mi pintura y con ella mi "poética" se dogmatizaron. Ante mis ojos de artista ya no todas las corrientes eran iguales. Para mí, sólo el expresionismo empezó a tener profundas razones de ser y lo demás me pareció insulso.

Hacia un arte existencial es pues la confesión desinhibida de un pintor que cree que aunque los caminos del arte son casi infinitos, muy pocos son capaces de llevarnos a un encuentro real con nuestra parte más personal e íntima; o de provocar una catártica pasión en la que la risa y el llanto se entremezclen; o de precipitarnos en un arrebato lírico por las cosas y los seres del mundo; pero sobre todo, de permitirnos poner en juego no sólo nuestra imaginación y sensibilidad, sino nuestro cuerpo entero como el expresionismo lo hace.

La naturaleza del segundo ensayo "Arte y moneda" es radicalmente distinta a la del primero. Es más cerebral, más académico y más crítico. El blanco es ahora esta, para mí, ilusoria confianza en los valores estéticos absolutos al margen de su contexto social e histórico. "Arte y moneda" es el intento de derribar desde la raíz esta creencia en un centro mítico desde donde se irradian las verdades sobre el arte y los artistas. Sin excluirme, obviamente, traté de evidenciar la connivencia sobreentendida de críticos, artistas, museos, revistas, galerías y coleccionistas, quienes edifican y apuntalan, cada uno a su manera, este escenario en el que los valores estéticos y artísticos aparentan ser los verdaderos protagonistas.

Cuando impartí estas ideas en mi taller de teoría del arte, algunos estudiantes se sintieron desolados: "nos arrebatas toda confianza en el arte", me decía alguien. En realidad no se trataba de eso. Lo que en este ensayo digo no es ningún secreto aunque sí un asunto no frecuentemente puesto a discusión pública. Se trata de un texto hecho con ánimo iconoclasta y que revela un cierto desencanto. Por otra parte, contra el escepticismo, habrá que reconocer que hasta ahora ha sido afortunadamente imposible acallar lo que en el arte está más allá de todos los intereses creados que giran alrededor de él. En esta zona imposible de explicar, de codificar, de regular, de programar, y que por lo mismo nos hace ilusionarnos a veces acerca de la preexistencia de una arcadia feliz, primigenia e incontaminada, reside finalmente una secreta fuerza, aún hoy no del todo domesticada, que permite que cada hombre pueda, a pesar de todo, seguir esperando del arte una "promesa de felicidad" —en palabras de Stendhal— que en ningún otro lado puede hallar.

En la tercera y última parte agrupé una serie de ensayos hechos desde diversas perspectivas. Son pequeñas viñetas sobre temas que en algún momento demandaron mi atención, pero no se trata otra vez sino de arte en última instancia. Y aunque los enfoques se desplacen desde el psicoanálisis a la sociología pasando por ciertas veleidades filosóficas y hasta literarias, el centro sigue siendo el arte y, dentro de éste, el expresionismo. Pido disculpas a aquellos expertos en filosofía, psicoanálisis, sociología, lingüística, etc. si es que abundo en el lugar común o en el error metodológico. En todo caso, para mí todas estas disciplinas no han sido sino instrumentos para decir de diferentes modos siempre lo mismo. En todo libro —y quizás en toda vida— existe una idea fija y obsesiva. Pero como dice en uno de sus poemas Yehuda Amijái: "Y más no puedo decir / y más no sé".

PRIMERA PARTE

HACIA UN ARTE EXISTENCIAL

> "El hombre es la más inteligente de las criaturas porque tiene manos".
>
> Anaxágoras

Todo aquel que se ha enfrentado al proceso de creación ha experimentado la ansiedad que produce tener que elegir entre múltiples opciones una sola. Resulta enormemente difícil —sobre todo cuando se trata no de una representación de la realidad sino de un producción imaginaria— eliminar en cada paso del proceso un sin fin de alternativas —que nos llevarían a multiplicadas posibilidades a su vez— y escoger una sola de ellas. Es decir, eligiendo una de las múltiples disyuntivas que se nos presentan al trabajar una pintura —por ejemplo— clausuramos de modo definitivo la posibilidad abierta de infinitas soluciones. Lo que culmina en la obra es, pues, el resultado "accidental" de un entrecruzamiento azaroso de circunstancias tanto anímicas como ambientales.

Esto lleva a preguntarse si la obra acabada es una expresión suficiente de lo que somos o si más bien — por una limitación impuesta por lo contingente— en ella se encuentra una subjetividad coartada por la discriminación accidental a la que fue sometida, pues al concretarse el esfuerzo en una obra terminada, hemos tenido que renunciar a todas las obras posibles que, bajo los mismos principios, pudieron haberse desarrollado. Nos resistimos a reconocernos en este producto aleatorio de nuestro trabajo porque su contingencia frustra groseramente nuestro ser ideal; un ser que en tanto posibilidad, sospechamos, es más, mucho más que cualquier expresión objetivada.

Es evidente que la resistencia que opone la inercia de la materia (por ejemplo: pigmentos, pinceles, espátulas, etc.) es imprescindible para la realización de una obra pero, aun así, no dejamos de percibir esta resistencia como un constreñimiento al libre despliegue de nuestro espíritu, a todas esas potencialidades que laten como promesas de verdad, de nuestra verdad absoluta.

Pero aparte de la resistencia de la materia, está la que opone un lenguaje ya hecho, un código formal que, aunque transgredible, impone sus normas sutil e inconscientemente. Sucede casi lo mismo cuando hablamos: hemos de tomar prestada una lengua que pertenece a todos; este hecho "corrompe" nuestro discurso. Así es: al hablar de lo que a mí me pasa debo utilizar la misma lengua con la que mi enemigo se expresa. Un "habla" diferenciada (en el sentido de Saussure) no me distingue, esencial sino circunstancialmente.

A veces se presiente que al objetivar una entre tantas posibilidades de ser en una obra determinada, no estamos mostrando más que una capa superficial de lo que somos. Y nos angustiamos pensando en que seremos percibidos por los demás en sólo esta dimensión limitada, y juzgados únicamente por este aspecto contingente, al que habrán de acceder los otros ni siquiera objetivamente, sino mediados por su propia subjetividad.

Por otra parte, para bien o para mal, el hecho es que al dar forma finita, material, a lo ilimitado de mi ser potencial, transformo, en consecuencia, todo mi universo de posibilidades. Así es: la constatación en una obra o en un discurso concreto de una de mis opciones de ser, al mismo tiempo que clausura un campo, abre y altera la configuración completa de lo informulado. Resulta así porque este "accidente" producido por el encuentro azaroso de mi voluntad con la materia y el lenguaje implica, entre otras cosas, una toma de conciencia de los límites de mi verdad expresable.

Esta toma de conciencia es tanto un autorreconocimiento como un autodesconocimiento: reconocerse en los límites es desconocerse en lo ilimitado. La obra, como cualquier discurso, no revela entonces más que un entrevero de lo impronunciable.

El ser que se revela en el lenguaje no es un ser que preexista y al que sólo basta "vestir" para volverlo inteligible; el ser que aparece en la lengua es otro que el ser impensado. El ser investido por el lenguaje es un ser lingüístico. Lo que se vive como falta de correspondencia entre el sentir y el decir es debido a la necesaria arbitrariedad del signo; éste ocupa el lugar de lo sentido, y lo sentido no se encuentra estructurado en forma de código; por el contrario, lo sentido es la ausencia de reglas: lo agramatical. Sujetando el sentir a la regla de un código tranformamos el "caos" en "cosmos", pero al tiempo que nuestro sentir cobra sentido para los demás lo pierde para nosotros. Y ahí donde eventualmente identificamos lo sentido con lo dicho, no es tanto que hayamos acertado con la horma adecuadamente perfecta de nuestro sentir, sino que lo dicho aparece, desde un punto de vista "estético", verdadero. Pero esta "verdad" es más bien la verdad del código, no la "nuestra". "Nuestra" verdad está más allá del código y es inaccesible a éste.

Constatamos, en consecuencia, que lo mejor de nosotros permanecerá siempre en las sombras. Por ejemplo: los sueños, una de las más entrañables de nuestras vivencias, están, sin embargo, condenados a ser únicamente nuestros. La inconmensurabilidad de nuestros sentimientos y deseos más íntimos morirá con nosotros sin apenas haber sido comunicados; el significado último de lo que somos será, por los demás, ignorado. Nuestra inquietud obedece a que aquello que de nosotros quede, lo que a nuestros ojos será, quizás, lo más deleznable, es decir, nuestras obras, nuestras acciones, testimoniarán falazmente lo que fuimos.

Claro, habría de señalarse que lo inexpresado no se halla constituido únicamente por lo "mejor" que hay en nosotros; también lo "peor" se encuentra inhibido por la tozuda realidad. Una biografía virtuosa y ejemplar esconde a menudo una secreta batalla en la que la moral social —el superyó— logró domesticar los impulsos más crueles y agresivos. Esto es, lo indecible no comprende exclusivamente nuestros sueños felices, sino también nuestras pesadillas; no sólo nuestra inocencia sino también nuestra perfidia. Así que, si los demás no nos conocen en lo mejor, tampoco saben mucho de lo peor. Pero de lo que aquí queremos dar cuenta es de esa "mala fe" con la que solemos percibir nuestra identidad "última", o sea, del modo acrítico, subjetivo y muchas veces complaciente con el que nuestro yo gusta de contemplarse a sí mismo. En última instancia, "ser uno mismo" es en realidad pretender manifestar lo mejor y no lo peor; esto es, seleccionar entre nuestras cualidades sólo aquellas que se adecuen a una finalidad. "Ser uno mismo" suele ser, más bien, intentar semejarse en la acción, al ideal de uno mismo.

Sin embargo, el motor que nos impulsa a seguir hablando —o produciendo obras— es la esperanza de poder hacer coincidir algún día nuestra expresión con nuestra sensación: lo que decimos con lo que sentimos. Los que nunca se cansan de poseer objetos persisten en su manía adquisitiva porque ignoran —¿o porque lo saben?— que, desde su enfermedad maniaca, es en el objeto ausente donde se encuentra la felicidad. De igual modo, no se pinta otro cuadro más sino porque los anteriores nos dejaron frustrados de algún modo: no hallamos en ellos lo que "realmente" queríamos decir; nuestra esperanza es que la próxima obra dé por fin en el clavo. Por supuesto esto es mera ilusión.

La "verdad" de lo que somos se posterga, pues, indefinidamente. Una de las razones de nuestra perseverancia es este afán nunca colmado de encontrar la obra que nos exprese "tal cual somos". La ilusión de poder decir algo tan importante que nos permita callar para siempre es —en algún rincón de nuestros deseos— lo que nos lleva a no dejar de hablar.

Por otra parte, el encontrarse en lo expresado es sólo un espejismo. Esto que aparece en mi obra, que he hecho con mis manos y que nadie más pudo haber elaborado tal cual, no es, sin embargo, yo. El yo que aparece en mi discurso es un yo alienado en el lenguaje. Por eso, cuando un artista expone, en realidad no se expone: la imagen resultante de su proceso expresivo es algo más que él, pero también algo menos, por no decir: algo distinto.

Jamás se insistirá demasiado en que una obra de arte nunca es el retrato fiel de la interioridad —como tampoco de la exterioridad— del artista que la creó. El arte parte de sentimientos pero los sentimientos por sí solos no producen arte; sólo el manejo adecuado y eficiente de recursos técnicos y de un lenguaje específicamente artístico logra producirlo. El arte, aunque esté construido a partir de sentimientos, es algo muy distinto a éstos; así como los huevos, la harina, la leche y el azúcar constituyen la materia prima del pastel y son, sin embargo, otra cosa.

Entendemos, pues, que nunca podremos identificar lo dicho con lo sentido. Lo expresable no da cuenta sino de una parte que a menudo sentimos, paradójicamente, como el reverso de lo vivido.

Lacan, al señalar que el psicoanálisis operó una inversión del cogito cartesiano, nos dice: "Ahí donde soy, no pienso; ahí donde pienso, no soy". Esto significa que, en última instancia —como advierte W. Benjamin— el ser que se expresa en la lengua no es exteriormente idéntico al ser espiritual. El ser espiritual se identifica con el lingüístico sólo en cuanto es comunicable. Lo que comunicamos se encuentra, pues, condicionado por el código de la lengua y su tarea, como la de toda institución es la de prohibir. (Para R. Barthes la lengua es "fascista" no por lo que nos prohibe decir sino por lo que nos obliga a decir).

Todo código está diseñado menos para incluir que para excluir (tómese como ejemplo la historia). Al privilegiar lo presente —aquello de lo que ella es índice— la lengua niega, tácitamente, el estatuto de verdad a lo ausente. Todo lo que una lengua excluye queda confinado en un limbo metafísico e indiferenciado. A todo código le es estructuralmente indispensable poseer una naturaleza despótica como precondición para cercar e iluminar el espacio de lo observado.

El peligro se encuentra en pretender que el código sea sinónimo de lo real (como en la tesis tomista de la verdad como adecuación del pensamiento con la cosa). Un ejemplo histórico que ilustra esta pretensión de absolutizar un código es la fetichización del "realismo" en la pintura. Durante siglos pensaron, tanto artistas como aficionados, que el código de representación que surgió en el Renacimiento con la aplicación de la perspectiva central, era un espejo fiel de la realidad; que las leyes que gobernaban la visión habían sido, de una vez por todas, descubiertas. Ahora sabemos que esto es falso, que el "realismo" es sólo una audaz abstracción como tantas otras y que su reclamo de fidelidad a la naturaleza es infundado. La imagen espacial de la pespectiva plana es un símbolo racionalista de la realidad que en ningún caso describe fielmente la percepción efectiva del mundo. "La perspectiva central —dice A. Hausser— da un espacio matemáticamente justo, pero no real desde el punto de vista psicofisiológico". Hay que tener cuidado, entonces, en no identificar a ninguna convención, es decir, a ningún código, con la realidad a la que se refiere. Ni siquiera la suma de todos los códigos existentes puede agotar jamás el significado de la experiencia sensible. (Otro ejemplo de la aberrante identificación del concepto con su objeto es la llamada "dialéctica de l aturaleza" en la que se sostiene que el método dialéctico es verdadero porque la realidad es en sí misma dialéctica).

Es importante señalar que, au que los códigos distorsionen de muchos modos lo sentido, en ellos se encuentran extensos territorios llenos de posibilidades expresivas cualitativamente distintas a los de la pura interioridad subjetiva. De ahí que despreciar los códigos por su tendencia a falsificar lo sentido, sin apreciar su contribución al enriquecimiento de nuestro repertorio de vivencias subjetivas, sea algo insensato.

En el arte se parte, además de un código, de elementos materiales con leyes físicas propias con los cuales se pretende dar forma a lo impensado. Pero la materia no es algo dúctil al espíritu, como se dijo antes: se resiste; y es en esta resistencia donde se encuentran las posibilidades de descubrir experiencias que no se hallan contenidas previamente en nuestro interior. Así que, si no podemos nunca mostrarnos "tal cual somos", en cambio sí nos podemos mostrar tal como podemos ser a partir de unos códigos y materiales específicos. Y cuando se refiere uno a los códigos hay que tener presente además que siempre hay en éstos fisuras que pueden ocuparse y con ello hacerlos más flexibles y equívocos.

Por su parte, los materiales usados con sabiduría son, más que medios, coautores elocuentes de nuestra obra; estos intervienen en los resultados finales en la medida en que se oponen y no en que obedecen a nuestra voluntad. De ahí que el éxito tanto como el fracaso de un intento de expresión, consista en encontrar el punto de equilibrio entre la "voluntad" del material y la de quien lo maneja. Si el material se impone, evidencia la impericia del artista; si éste acalla al primero eliminando sus intrínsecas cualidades expresivas, lo vuelve superfluo. La situación más deseable es la de un diálogo constructivo entre material y artista: un intercambio de razones y no de intimidaciones es la fórmula ideal para la creatividad. Se debe persuadir a los materiales, no disuadirlos.

Así como los rasgos de nuestro carácter se establecen básicamente a partir de nuestra relación con los demás, de igual modo, un artista revela sus potencialidades en la forma en que se comporta frente a los materiales. Los materiales, al igual que las personas, ofrecen una obstinada resistencia a nuestras intenciones de manipulación; esta resistencia es la que nos obliga a buscar soluciones, a ser imaginativos, es, en suma, la culpable de nuestra inventiva: lo que permite al ave volar es la resistencia del aire contra la que tiene que luchar. Por otra parte, la docilidad de un material está en relación inversa a sus cualidades autoexpresivas. En cambio, un material que se resiste a ser manipulado dúctilmente posee una voz propia que, si se sabe escuchar, permite construir con ella originales formas poéticas, posibles de descubrir sólo en tal material y no en algún otro lado.

Por eso es una falacia creer que el alma del artista habla "a través de los materiales" o "a través de un código"; un artista se expresa en los materiales y en el código formal. Su obra no es —ni aun en el mejor de los casos— la traducción literal de sus sentimientos sino otra cosa, algo que es posible decir solamente en y con los medios utilizados. El arte no es un vehículo para expresar algo que lo trascienda sino un fin en sí mismo: una cosa; y como toda cosa posee una opacidad que le hace significar por lo que es y no por lo que se pretenda decir a través de ella.

Resumiendo, podemos decir que, a pesar de que nos vamos formando a partir de lo que hacemos, nuestras potencialidades nunca se encuentran realizadas del todo. Saber esto es importante, no para justificar la eventual pobreza de nuestros logros, sino porque es conveniente no identificar lo que hemos podido hacer hasta el día de hoy con lo que podríamos hacer mañana. Es decir, aparte de la suma de nuestros actos realizados, hay aún una reserva de actos posibles. Y debe ser esta conciencia de que lo manifestado hasta ahora, si define lo que somos, no agota fatalmente lo que podemos ser. Esta conciencia impide resignarnos a lo dado, al tiempo que nos estimula a "recrear" nuestra identidad cotidianamente.

Del ser al proceder

Cada vez que hablo, un tumulto de voces atraviesa mi voz. Son las voces de mi madre, de mi padre, pero son también las de todo aquel que amo, que admiro o que odio. Si mi decir me expresa en algo es, paradójicamente, en lo que me viene de afuera, lo que me es "ajeno". Aquello que quiero, tanto como lo que rechazo se confunden en esta cacofonía que es mi discurso.

Sartre dice que siempre se piensa contra alguien. Entiendo que esto quiere decir que nuestro discurso se organiza obedeciendo a una pasión. Lo que sucede entonces es que expresarnos equivale a expulsar una opresión. Simultáneamente, al oponernos al mundo nos constituimos como individuos singulares. No importa si nuestros cómplices constituyen una multitud, ellos no son los que nos exigen definirnos; son más bien aquellos contra los que necesitamos querellarnos los que nos obligan a elegir ser de un modo y no de otro, es decir, a elegir no ser lo que ellos son.

Pero nuestra particularidad no es anterior a nuestra elección. No se actúa diferente porque se piensa diferente; sino más bien, porque se actúa diferente se piensa diferente. Son mis actos los que me fundan y no yo a mis actos; son mis obras las que me proporcionan un "estilo", y no mi "estilo" el que crea mis obras. (La religión se comporta con aguda sensibilidad frente a este fenómeno psicológico. La demanda insistente de cumplir con el rito obedece a la clara conciencia de que a la fe se llega a través del rito, y no al rito a partir de la fe).

En la interminable polémica acerca de si la esencia precede a la existencia, o si, a la inversa, la existencia precede a la esencia, tomo partido por esta última. Yo soy mis actos no sólo porque ellos me definen ante los demás, sino porque, a pesar de no reconocerme enteramente en lo que hago, encuentro que es el único índice verificable de mi singularidad. Estoy condenado a reconocerme en lo contingente porque la trama de lo impensable no me proporciona un índice mensurable de mi identidad.

La libertad absoluta presupone la ausencia de identidad: el que lo es todo, es, al mismo tiempo, nada. Lo infinito no posee nombre ni rostro y tampoco ocupa un lugar en el espacio. Por eso es que nos vemos empujados a apostar nuestro capital entero a lo contingente, aunque con ello arriesguemos la eternidad. Por poseer un cuerpo, una voz y un espacio limitados estamos dispuestos a renunciar al sentimiento oceánico de una experiencia sin límites. Más acá está el frágil y angustioso deslizarse hacia la muerte por una pendiente trágica y cómica a la vez; más allá, el frenesí autista de las pasiones sin límite, esto es: la consumación utópica del "ello" freudiano, la locura.

El reconocer la injusta delimitación que lo contingente impone al libre despliegue de mi espíritu debería llevarme a la convicción de que los otros sufren del mismo mal, y que eso los debería convertir *ipso facto* en sujetos de mi simpatía; pero no es así. Que el otro tampoco es lo que hace me es evidente; que él también se encuentra oculto en otro espacio que el de sus actos, me es, a todas luces, obvio. Sin embargo, he de reconocer que eso no me basta para amarlo: a él lo amo o lo odio por lo que significan para mí sus actos y no por lo que él quisiera que sus actos significasen. Yo escucho sus palabras, oigo lo que él dice y me seduce o me repugna por el modo en que él se me muestra. La conciencia de mi infinitud no me lleva fatalmente a suponerla en el otro. Por el contrario, porque me conozco lo desconozco. Lo precioso de mi ser impensado es tal porque me pertenece sólo a mí. Ninguna emoción altruista está obligada a surgir de este ser ensimismado. Como soy yo quien juzga mis actos, siempre podré definirlos como accidentes irrelevantes de esa totalidad vasta e ideal que me constituye; en consecuencia, me absuelvo. En cambio, en los actos de los otros, esta totalidad que ignoro y que por tanto, para mí no existe, hace que su contingencia no posea atenuantes.

Por eso, de la ontología de lo inefable no surge espontáneamente una ética. De la certeza subjetiva de mi irrealizada humanidad no emerge un índice inequívoco que me lleve a juzgar con benevolencia la zona oculta de los demás. De ellos percibo sus señales externas y aunque algunas de

las señas que me envían me permiten intuir una virtualidad agazapada, no puedo aceptar ciegamente que la poseen —tal vez, llevado por el entusiasmo, he sido yo quien
ha proyectado en ellos mis intuiciones. En resumen, ellos
son para mí sus actos, como yo soy para ellos los míos. A
fin de cuentas, si de alguna forma podemos particularizar-
nos, ésta se encuentra en el modo en que damos forma
finita a ese material infinito que es lo impensado. Pues es
factible que todos los infinitos sean, en última instancia,
semejantes. Y que sólo lo finito sea capaz de singularizarse.
Por eso Dios no posee identidad alguna: antes que Uno,
Dios es Ninguno. El ser infinito y perfecto de Dios es in-
compatible con su singularidad. Hablo, por supuesto, del
Dios abstracto de los teólogos, no del Dios que ejerce caprichosamente su poder en la historia, como el Dios vengativo
del Antiguo Testamento, por ejemplo. Este último posee
una identidad tanto más precisa cuanto menos divinamen-
te perfecto es su comportamiento.

POSIBILIDAD DE UNA ÉTICA NARCISISTA

Por lo demás, una ética también puede ser erigida a partir
de cierta introspección narcisista; una ética construida sobre la base de un imperativo egoísta. Es más fácil, por
ejemplo, que yo acepte el natural egoísmo de los demás
cuando me he familiarizado con el mío propio.

Por otro lado, el reconocimiento de mi reticencia a amar
al otro por el supuesto ser oculto que hay detrás de sus
actos y no por sus actos mismos, impone sanos límites: impide desplegar un humanismo indiscriminado que perdo-
nara toda acción por estúpida o cruel que fuera, simplemente porque se sospechara que el hombre es otra cosa
que sus obras.

Afirmo, en consecuencia, que somos responsables del uso
que demos a nuestro egoísmo. Lo que nos hace humanos
es también la raíz de nuestra "inhumanidad". Saberse ego-

ísta es una precondición necesaria para poder aceptar los límites prácticos en los que nuestro egoísmo se puede desplegar en el mundo.

No representa ninguna ironía que los peores crímenes se suelan cometer en nombre del altruismo; un altruismo que no es más que un león con piel de oveja, es decir, un egoísmo disfrazado. Es para "salvarnos" por lo que unos se sienten autorizados moralmente para aniquilar a otros; es para "mejorar" el futuro que se nos invita a aceptar la injusticia presente; es por "nuestro bien" que unos cuantos deciden por todos nosotros; es, en fin, nuestra supuesta desvalidez la razón con que se justifica la irrenunciabilidad al poder.

Como vemos, no es el odio irracional, ni la preocupación egoísta de velar por los propios intereses, ni tampoco el ambicioso afán de dominio, las razones confesas de quienes han ejercido y ejercen la mayor y más cruel violencia sobre el hombre. Hace falta creer místicamente que es por el bien de los demás y no por mero prurito, por el que se tenga que provocar dolor. Sólo así se puede llevar al cabo una sistemática labor de violencia sin que la conciencia se conduela demasiado. Aun a Hitler, esta encarnación del mal absoluto, lo ha de haber eximido de sus crímenes el tribunal de su conciencia dictándole que la única forma de hacer feliz al mundo era erradicando lo que a su juicio era la raíz de todo mal: los judíos.

No es, por tanto, el abismamiento en nuestro universo subjetivo una coartada que nos pudiera disculpar de la incoherencia entre lo que somos y lo que hacemos. Es apremiante llegar al convencimiento de que esta dicotomía es insuperable y que, por consecuencia, no debe ser fetichizada ni venerada (que eso es exactamente lo que haría un espíritu puramente metafísico).

Por el contrario, esta clase de introspección es la que ha de preceder a una toma de conciencia que supere lo inefable sin negarlo, es decir, colocándolo en sus justas dimensiones.

MI CUERPO COMO VERDAD

Sólo aceptando la verdad que proclaman mis instintos seré capaz de incorporarlos como gozo y no como culpa; como incentivo al tiempo que advertencia; en fin, como naturaleza tanto como índice de mi compromiso con los otros. Toda ética y por tanto toda religión se fundamentan en la culpabilidad: detrás de toda moral se encuentra siempre un "pecado original". Nunca es el deseo el que inaugura una moral sino el deber, entiéndase: el sacrificio del instinto. La moral de cuño altruista, la única hasta ahora concebible es, en el fondo, conformista; es más pasiva que activa porque legitima los deseos únicamente a partir de una sanción externa. Es decir, no es mi deseo el que es tomado en cuenta para fundar una ética, sino es la ética la que se adjudica el derecho de fundar mi deseo.

Por el contrario, una moral parida por el deseo egoísta no aguarda el reconocimiento de afuera para afirmarse. Es cierto que para ser realizable una ética del deseo egoísta debe detenerse en el umbral del deseo del otro. En esto no hay un simple juego de palabras, la distinción debe ser clara: por un lado, la demanda colectiva de reprimir nuestros deseos porque ellos son el síntoma inequívoco de nuestra corrupción original; por el otro, la afirmación individualizada del deseo propio que cada uno puede reivindicar por sí mismo y nadie por el otro.

De ahí que una ética egoísta pueda ser, potencialmente, mucho más subversiva. En el momento preciso en que alguien reconoce en sus deseos un índice de normalidad y no de perversión, no puede aguardar pacientemente a que otros hagan la revolución por él. En la medida en que soy sólo yo quien puede juzgar la intensidad de mi deseo, soy yo, también, quien tiene que reivindicarlo.

Tengo la sospecha de que la persistencia de mis más ingentes deseos se encuentra condicionada menos por la espontánea animalidad de mi fisiología que por la reiterada negación de la que soy objeto. Deseo lo que no puedo obtener y lo deseo tanto más cuanto más se me escamotea. La sustancia que alimenta mis deseos es esta gratificación mil veces negada con la que no sólo se suele responder a mi demanda, sino que muchas veces la anticipa. Habría que poner bajo esta luz la común y eficaz estrategia psicológica de la madre que, para convencer a su infante de que obedezca una orden, se la da invertida.

Pero eso es tanto como decir que la mayoría de nuestros deseos son artificiales y, de hecho, afirmo que lo son; si por "artificial" entendemos cultural. A estas alturas nadie puede negar la ambivalencia que la civilización hecha cultura ha provocado en los hombres. Mediante la cultura se han inhibido ciertos instintos para proteger a otros. Así como se han inventado deseos que no son sino los nuevos y manipulados significantes de arcaicos significados (Lacan). Lo que no obtiene el mismo consenso es la cantidad y cualidad de los deseos que deben ser diferidos y cuál la de aquellos que merecen ser protegidos. El principio del placer y el principio de realidad se conjugan históricamente y, por tanto, su definición es parte del espacio idelógico de cada sociedad.

Lo que es habitual es que, a nombre de un principio de realidad abstracto, se ponga freno a aquellos instintos que no son dañinos para los individuos en particular pero que sí lo son para las relaciones de dominación.

El problema es que un combate hecho a nombre de nuestros instintos y deseos posee una plataforma ambigua. ¿Qué tan posible es conciliar mis deseos con los deseos de aquellos que son mis semejantes? ¿No entrarán en colisión, una vez liberados mis deseos, con los deseos libres de los otros? Es esta zona débil de la argumentación la primera en ser ocupada por los predicadores de la necesidad imperativa de orden. La profunda intuición de los argumentos anarquistas va a la par de la pobreza de sus logros políticos. El anarquismo, en cualesquiera de sus formas, posee este flanco débil: si cada uno es el encargado de regular la legitimidad de su deseo, ¿cómo hallar un equilibrio que los armonice a todos?, ¿quién pondrá los límites?

Desde este ángulo las metas de una lucha contra la dominación no pueden jamás culminar en una institución: el antiautoritarismo no puede convertirse a su vez en autoridad. Esta limitación le es inherente a toda crítica del poder. Tal parece que, a lo sumo, una reinvindicación de la libertad pulsional puede aspirar a moverle el piso al despotismo, jamás a reemplazarlo.

Al margen de su incapacidad de transformar directamente el todo social, la insurrección del deseo puede hacer bastantes estragos en el ámbito intersubjetivo. Su alcance es minimalista en términos políticos, pero puede ser maximalista como vía de emancipación privada.

La situación de la mujer en nuestra sociedad es un caso paradigmático. Las avaras concesiones que en favor de la mujer se logran arrancar paulatinamente al sistema de dominación —y que no son totalmente irreversibles— son incentivos pobres para aquellas que sufren la represión hoy en su ámbito privado. La promesa de un "trato" mejor en el futuro no alivia en nada su presente opresivo. En cambio, una toma de conciencia que la conduzca, aunque sea privadamente, a reinvindicar el derecho a la expansión de sus deseos, hará explotar por lo pronto sus relaciones "armónicas" con su entorno inmediato, pero le permitirá redescubrir su cuerpo como sujeto autónomo y no ya únicamente como objeto del placer de otro.

Las implicaciones sensuales de esta convocatoria son evidentes; lo que no es tan evidente es que la sensualidad no se manifiesta exclusivamente en la sexualidad. Todo aquello que nos involucra intensamente, sea una persona, un objeto, o una actividad, son manifestaciones de nuestra vocación sensual.

En realidad la sensualidad es tanto afirmación de la vida como de la muerte. Porque es conciencia de la muerte, la sensualidad se compromete con la vida. A fin de cuentas, es inevitable que el tema de la muerte se inmiscuya en toda reflexión filosófica. La conciencia de nuestra finitud es la que da sentido a nuestros actos: saberse mortal es obligarse a elegir nuestras prioridades. El sometimiento fatalista a nuestro destino social —léase, a la moral dada— supone el sacrificio de nuestros cuerpos. En aras de la "armonía" renunciamos a hacer verdad las demandas que aquí y ahora claman ser satisfechas.

Aquí la voz de la religión como la de toda ética secular impone su ley. La promesa de inmortalidad —del individuo en la religión; de la especie en la ética secular— sugieren abandonar toda esperanza de realización aquí y ahora so pena de excomunión.

Por lo demás, nunca se nos niega explícitamente nuestro derecho a la gratificación sensual, sólo se nos invita cortésmente a postergarla. Se trata de una estrategia sabiamente dirigida que intenta matar nuestro cuerpo dejando viva, sin embargo, la esperanza de que nuestro cadáver pueda consolarse algún día con el recuerdo nostálgico de los placeres que ahora se nos escamotean.

Y no obstante, funciona. Porque lo que nos contiene no es tanto el que creamos lo que se nos dice, sino las sanciones concretas con las que la advertencia se hace valer. Las ideologías no son simples ideas fantasiosas —cheques sin fondos— que hacen creer que es verdad lo falso, sino son, sobre todo, la expresión codificada de una coerción de carácter más bien físico que mental. No basta que yo deje de creer en el discurso del poder para que este último desaparezca físicamente. A lo sumo, lo que se desvanece es la "razón" que lo legitima, pero su coerción sigue siendo igual de inexorable. Saber que el rey va desnudo no sirve de mucho: él sigue siendo el monarca y nosotros los súbditos.

El poder no quiere sólo hacerse obedecer sino además desea ser amado; quiere que sus órdenes se juzguen convincentes y justas. Cuestionar lo último es descalificar lo primero. Pero cuando se cuestionan las razones legítimas de un poder benevolente éste puede convertirse en irascible sin dejar de ser poder. El despotismo es la culminación de un poder desinteresado ya en la racionalización de su fuerza. Hay que tener cuidado, pues, cuando se desafía al poder —aunque sea en el puro discurso. La exposición abierta de su debilidad argumentativa lo deslegitima pero no lo anula. Intentar desprenderle al poder su máscara es un acto temerario: su genuino rostro es impredecible. No sabemos en lo que puede convertirse al arrancarle su coartada.

La libertad no es una fiesta

Pero, una vez que hemos decidido a despecho del poder afirmar nuestros deseos, o sea, exponer nuestra corporalidad al flujo libre de sus pulsiones, nos encontramos, no al final de nuestro drama, sino sólo al comienzo.

Si existen mucho menos espíritus rebeldes que voluntades dispuestas a consentir la opresión no es mera casualidad. El salto hacia la libertad es todo menos una fiesta. Para afirmar lo que somos hay que negar lo que otros son y creen, cuando menos en relación a nosotros. Liberar al deseo es romper un pacto de subordinación obediente con los que nos rodean; es, de algún modo, delatar que lo que se vivía antes no era un estado de paz y armonía, sino sólo era una tregua provisional; corta o larga, en esta tregua se vivía bajo la ley impuesta por los vencedores de la guerra anterior; una guerra que se libró tiempo atrás, probablemente antes de nosotros nacer.

Con nuestra desobediencia actual nos remontamos sin querer a los orígenes de aquella guerra: removemos la herida que se creía cicatrizada. Esta insurrección no puede quedar impune: estamos transfiriendo al presente un conflicto que se consideraba ya dirimido de una vez por todas. La estupefacción que produce en un primer momento una actitud rebelde de autoafirmación, es resultado de la incredulidad de que todavía haya alguien que piense que aún queden reglas por definir. El maltrato a que se somete a un insurrecto es menos un castigo a su descarrío que un mecanismo de defensa mediante el cual el poder trata de ocultar el develamiento de su origen mítico.

Liberarnos es, pues, más que desencadenarnos, desencadenar la ira adusta de los guardianes de la ley. Nos quieren porque hasta ahora nos hemos portado bien, porque hemos jugado su juego sin protestar. Nos brindan protección porque sabemos pagarla con obediencia. Se compra nuestra conformidad de mil maneras sutiles, pero, al final, el supremo recurso es la violencia: no se posee un hijo, una esposa, un afecto, sino a través de esta instancia límite.

Sin embargo, cuando se quiere poseer y no se tiene la fuerza para imponer la obediencia, se suele recurrir a otra forma de intimidación, recurso substituto de la violencia: el chantaje.

El chantaje es la violencia de la no violencia. Detrás del chantaje el sujeto de la demanda se coloca en el papel de objeto de violencia: su astucia consiste en que al no cumplir a su demanda nos convertimos en seres violentos, o, cuando menos, así lo hace aparecer el chantajista. El chantaje es una estratagema del poder: si la fuerza es por esencia disuasiva, el simulacro de la desvalidez es persuasión violenta.

De un modo o de otro, disentir de los buenos modales inscritos en el código intersubjetivo (social), es poner en acción un complejo mecanismo defensivo repleto de artimañas. Cuando no se tiene con qué responder a este arsenal disuasivo se retorna al redil cargado de culpabilidad y con la cerviz partida a la mitad.

Una conducta insólita de rebeldía produce mayor ansiedad por sus repercusiones en el pasado que por sus consecuencias en el futuro. Así es, lo que nos espanta no es tanto que nuestro futuro sea incierto cuanto que el pasado pueda no parecerse a sí mismo; pues, a fin de cuentas, la historia, tal como la conocemos, es lo que estructura nuestra identidad presente. Resulta enormemente inquietante la hipótesis de que en nuestro pasado pudieron haber existido otros signos que los que ya inventaríamos y que, por tanto, constituyeran otro mensaje acerca del presente que nosotros no hubiéramos captado y que sólo ahora se revelaría crudamente. No podemos aceptar esta idea sin angustiarnos porque nos pone frente a la posibilidad de una historia subterránea, oculta a nuestra mirada que desembocaría por fuerza en el cambio de significado de nuestra realidad presente (precisamente para cambiar el significado de nuestro presente es que el psicoanálisis se afana en reinventar el pasado). Proteger la integridad del pasado es, pues, asegurar nuestra integridad presente.

Para una conciencia adicta a la ley es totalmente improbable que la historia haya sido otra que aquella que ha asimilado. Pensar que quizás nos pudimos haber equivocado al establecer nuestra identidad asentándola en una falacia histórica es relativizar la ley, convertirla en una convención artificial y negarle su carácter de verdad irrecusable.

Por eso es que el origen de la ley se hace remontar hasta el principio de los tiempos, mientras más añeja, más sagrada y sensata aparece. En relación a este campo toda conciencia conservadora es mística.

Cuando se cree firmemente en esta noción mítica del origen de la ley, hay que hacerla respetar a como dé lugar. Vigilando y castigando a los transgresores de hoy se consolida la historia pasada prolongando su verdad hasta el presente.

Entendemos, pues, que reescribir la historia es trastocar el significado de lo que ahora somos. En el campo del arte o de lo social en general, quienes se atreven a dudar de la versión oficial representan una clase especial de herejes peligrosos. El daño que amenazan causar a una de las partes más vulnerables de la sociedad, a saber, su legitimidad histórica, debe ser impedido a como dé lugar. La crítica de la historia resulta, pues, una zona de las más conflictivas porque redefiniendo el pasado se puede redefinir el presente y el futuro, y de eso, los bandos en pugna se hallan siempre conscientes (en este sentido, toda disputa conyugal se relaciona siempre con el pasado; cada uno de los cónyuges trata de ganar puntos mediante su versión de la historia familiar; lo que menos atención recibe es el motivo presente).

La lógica de lo inconsciente

Quizás algo más que la tentación digresiva de un intelecto indisciplinado haya provocado que, al devanar la madeja de lo inefable, me haya visto conducido a una crítica del poder. Después de todo, es evidente que la emergencia de nuestro ser potencial se encuentra condicionada siempre por nuestra posición estratégica en el espacio de las relaciones intersubjetivas: no tiene las mismas posibilidades de expresarse caprichosamente quien domina que quien se encuentra dominado.

Como la expansión del deseo posee diferentes connotaciones de acuerdo a la situación del sujeto, la manera en que la invitación a la insurrección del deseo no se interprete como dirigida únicamente a los que dominan, es precisando los límites en que ésta se puede dar. También habría, pues, que ser cauteloso frente a la naturaleza de los deseos del esclavo; su autenticidad es, la mayoría de las veces, sólo un reflejo deforme de la voluntad libre de su amo.

El deseo y el poder son dos términos complementarios cuya conjugación define nuestras posibilidades concretas de gratificación. El deseo sin poder es frustración o, a lo sumo, represión sublimada. El poder, en tanto ideal absoluto es, en cambio, la promesa mágica de liberación de toda traba entre el deseo y su objeto. El poder supone siempre la posesión inmediata de lo deseado. Se aspira al poder porque se aspira a hacer desaparecer el velo metálico que separa al deseo de lo deseado. Y porque el poder pugna por abolir las resistencias que difieren la realización de los deseos, abole también el sentido de todo deseo: su incierta concreción. Saber que todo deseo puede ser satisfecho es una manera perfecta de perder el interés por las cosas: si deseo de algún modo algo es porque este algo de algún modo se me niega. El significado último del deseo no es la posesión sino la casi posesión. Amar a alguien es no acabar de poseerlo. El único deseo que permanece es el que se resiste a ser satisfecho.

Por eso los deseos de los poderosos acaban por marchitarse, lo cual no merma el interés por el poder mismo. Lo que sucede es que quien se enamora del poder por lo que éste le puede proporcionar, acaba aliénandose en su fuerza y no en lo que obtiene a partir de ésta. El poder se transforma entonces en sucedáneo del auténtico deseo: no es deseo de algo, sino el deseo de satisfacerse siempre. Lo que se ignora es que un verdadero deseo no tiene fin.

La coerción de la palabra

Es necesario señalar la irrealizable potencialidad de lo inefable en un sentido metafísico, al mismo tiempo que denunciar las fuerzas concretas que impiden traducir lo indecible en un ser-en-el-mundo inteligible. Nuestro actuar concreto es alienado porque son despóticas las leyes externas que lo rigen. Frente a la fértil energía de los instintos, el principio de realidad impone su estéril y monótono diagrama.

El sistema social ofrece compartimientos etiquetados para adjetivar impulsos que son de suyo inclasificables. Nos vemos obligados, pues, a traducir lo impensado cuadriculándolo de acuerdo con términos de un repertorio restrictivo: lo que somos es lo que se nos permite ser.

El repertorio limitado de respuestas que el lenguaje como institución social ofrece, induce a cada uno de nosotros a identificar sus pulsiones con términos aleatorios que sólo tangencialmente rozan lo sentido. ¿Cómo comunico —por ejemplo— este sentimiento intenso y contradictorio, pero además extremadamente inaprehensible, que es mi afecto por el otro? Existen en la lengua una serie de nociones que se me ofrecen como equivalentes: amor, cariño, ternura, devoción, pero... ¿es eso lo que siento? ¿Acaso este minúsculo significante de tres letras: a-m-o, puede contener un sentimiento tan complejo, tan personal?

Más, mucho más puedo expresar con un movimiento casi imperceptible de mi cuerpo: con un leve temblor de mis dedos al rozar un rostro, por ejemplo. Afortunadamente este lenguaje no ha podido, a pesar de ciertos intentos, ser capturado e institucionalizado en un código. De alcanzarse tal codificación acabaríamos alienándonos en ella como lo hemos hecho con el lenguaje verbal: creeríamos que para comunicar nuestro afecto nos bastaría con hacer temblar levemente nuestros dedos al tocar un rostro.

En realidad, nunca nos es posible comunicar a través del solo lenguaje verbal lo que sentimos; nunca son los términos que elegimos los que hacen elocuente nuestro mensaje; en verdad nada, pero nada de lo que decimos significa si no es por el modo en que lo decimos. Se puede decir "te amo" a manera de insulto: basta con modular de un modo específico la frase. Es por eso que, en última instancia, es el *pathos* de la voz el que carga con casi todo el significado de lo que comunicamos. La ironía es que, precisamente, lo no codificado, lo imposible de tipificar, lo que no podemos controlar es lo que habla. El otro no oye nuestras palabras, escucha, más bien, nuestra voz, nuestro tono. Y si no es en el escenario de un teatro, el fingimiento prosódico es ineficaz. Existe en el oído del otro un sensible aparato detector que le permite ignorar las palabras y, sin embargo, captar lo que nosotros, aun sin querer, hemos dicho.

Por consiguiente, el que habla es siempre hablado por su emoción. Su conciencia podrá elegir las palabras pero el tono lo elige su cuerpo, sus deseos, su inconsciente.

Se puede uno disculpar diciendo: "me malentendiste, no es eso lo que quise decir...", y aún así, lo más probable es que, efectivamente, no lo queríamos decir, y no porque no lo creyéramos, sino porque era nu   o secreto: algo para guardarse y no para mostrarse, pero que nuestra voz delató a pesar nuestro.

Si es cierto que la escritura se riginó —de acuerdo con Lévi-Strauss— para servir como instrumento de dominación, no es difícil suponer que a palabra hablada haya surgido también como necesidad imperativa —urgencia de codificar y volver unívocas ciertas órdenes— antes que por su valor indicativo o para expresar sentimientos (seguramente una aplicación tardía del lenguaje). De ahí que nadie que no se disponga a dominar se encuentre a gusto en medio de las palabras. Solamente los poetas han logrado eventualmente y a fuerza de transgresiones atenuar la rudeza de la lengua. Desarticulando la lógica del lenguaje es el modo como la poesía desactiva, en ocasiones, el carácter originalmente despótico de las palabras. El nacimiento del lenguaje hablado tanto como el de la escritura coincidiría, pues, con el deseo de controlar. El origen de la palabra escrita sería un edicto; el de la palabra hablada, una orden.

Una de tantas hipótesis que han aparecido acerca del origen de la representación visual de la naturaleza —de la cual la pintura rupestre es ejemplo— es también el de una necesidad de dominio; dominio mágico de la naturaleza específicamente; su valor de conjuro para facilitar la caza del animal representado aparece como el motivo generador. Sin embargo, aun ésta que es sólo una de las interpretaciones, no supone tanto una coerción como un intento de persuasión del objeto.

A fin de cuentas, el icono no posee esa intrínseca cualidad coercitiva que en las palabras habita. En el icono existen siempre —a pesar de su frecuente uso ideológico— amplias capas de ambigüedad semiológica. De ahí que Merleau-Ponty haya deducido que: "Sólo el pintor tiene derecho de mirar todas las cosas sin algún deber de apreciación. Se diría que para él las palabras del orden del conocimiento y de la acción pierden su virtud. Los regímenes que declaman contra la pintura 'degenerada' destruyen raramente los cuadros: los esconden y hay allí un 'nunca se sabe' que es casi un reconocimiento". Reconocimiento, al fin, de que la imagen nunca es unívoca.

EL ARTE Y LO INCODIFICADO

En el espacio de lo incodificable ha permanecido, hasta hoy, una zona específica del arte. El arte se encuentra a medio camino entre el lenguaje verbal y lo inarticulable de lo vivido. A pesar de que todo arte se rige por un código más o menos convencionalizado, no existe ninguna posibilidad de lectura exhaustiva que dé cuenta de todos y cada uno de sus niveles de significación.

Si el arte sigue siendo para algunos una zona privilegiada de su experiencia existencial, es precisamente porque no se puede lograr a través de él una comunicación inequívoca o carente de ambigüedades. La obra de arte, aunque no logre expresar lo inefable de un modo literal, ofrece, en cambio, su propia inefabilidad. La potencial riqueza de una obra reside en las dificultades que presente de ser desmontada analíticamente; frente a una obra lograda, un esfuerzo de esta clase se asemeja al intento de develar el misterio de un tapiz deshilando su dibujo: detrás no queda sino el telar vacío.

Pero si bien lo dicho se aplica a la lectura, habría de destacarse también que la elaboración de una obra puede implicar un ejercicio desalienante. Si aceptamos que los lenguajes en general son, en esencia, restrictivos, debemos de mostrar algunas reservas en cuanto al arte. La forma poética, es decir el modo específico y personal en que se otorga una configuración al material del que se parte —ya sean pigmentos, notas musicales o palabras— supone un abandono de lo racional, o sea, de un control estricto sobre lo que emerge. El artista debe renunciar a menudo a la lucidez para poder decir algo que no sea trivial; sus intuiciones más que sus razones son las responsables del significado polivalente que se pueda alcanzar. Estas intuiciones son las que escapan a la censura del código: son lo incodificable. Y lo incodificable es lo que percibe el espectador con mayor fuerza, porque es la parte de la obra que evoca precisamente lo incodificado de sus vivencias, es decir, su inefabilidad.

EL DISCURSO ELÍPTICO DEL ARTE

Para decir algo que no sea banal, hay que hablar de otra cosa. Wittgenstein decía: "De lo que no se puede hablar es mejor quedarse callado"; en cambio, yo pienso que de aquello de lo que no se puede hablar se le puede mencionar elípticamente, es decir, sin nombrar la cosa.

Cuando evitamos designar directamente la cosa, cuando sólo la insinuamos, ésta cobra una fuerza expresiva inusitada. El secreto posee siempre un cierto hechizo del que lo franco carece. Es cierto que el rodeo, el circunloquio, tienen algo de enfermizo pero esto se debe a su poder "mágico" de capturar instantáneamente la atención.

Si la insinuación es la mejor estrategia para despertar la inquietud de saber más —la ansiedad imperativa por enterarse de qué va la cosa— es porque juega sabiamente con una ambivalencia que es afín a nuestra vocación *voyeurista*. La insinuación nos invita a atisbar en lo incierto, nos muestra sólo una parte de un objeto que puede ser algo muy diverso; de ahí que la ambigüedad de lo prometido por la insinuación pueda ser tantas cosas posibles y ninguna a la vez. En este frágil hilo de incertidumbre descansa nuestro impulso por averiguar más, y es esta fragilidad lo que mantiene en vilo nuestra atención. Pero también la insinuación nos promete reticentemente que detrás de ella se encuentra lo que siempre hemos buscado y aún no hemos podido hallar: el objeto perdido, personal e irrecuperable del que, sin embargo, la esperanza de recuperar, no se pierde nunca del todo. Allí, en la insinuación precisamente, se sugiere brumosamente este encuentro feliz con lo extraviado y que es lo que nutre nuestra infructuosa pero siempre apasionada espera.

La cualidad insinuante de las cosas —algo que no está en ellas, sino al lado de ellas— tiende a perderse una vez que les ha sido arrebatada su equivocidad, es decir, una vez que se les adjudica un nombre. Huidobro decía refiriéndose a la poesía, que el adjetivo que no da vida, mata.

Esto no solamente es cierto respecto a la poesía sino a toda designación. Pero la única forma en que el nombre puede dar vida es cuando no alude a la cosa sino por mediación de otra, ya sea metonímicamente o metafóricamente. Nombrar directamente la cosa es, de algún modo, matarla. Aludir sesgada y sutilmente a la cosa es abrirla a significaciones ilimitadas e impredecibles.

Cuando ponemos nombres a las cosas, éstas pierden su misterio. La manía de nombrar nos viene de nuestra terca resistencia a vincularnos directamente con las cosas. Al nombrar creemos capturar en el nombre la esencia de la cosa. Pero la cosa desaparece siempre detrás del nombre. Ponemos nombres a las cosas porque de ese modo podemos referirnos a ellas sin necesidad de su presencia. Luego entonces, de lo que se trata sintomáticamente es de eludir todo aquello que de nuevo e insólito la cosa nos pueda comunicar y que, por supuesto, en el nombre no se encuentra.

Debido a esto último, nos hemos acostumbrado a ver en las cosas sólo su función: aquello para lo cual son útiles, y no su forma. (En esta coyuntura histórica es donde el intento de Duchamp resulta enormemente revelador. Duchamp nos obliga a enfrentarnos a la cosa y no a su nombre o función. Lo que vemos es lo que es, y nada más).

EL *LAPSUS* EN EL ARTE

Pero hablábamos de lo que el arte puede hacer para comunicar lo incodificado. A. Ehrenzweig propone la tesis de que lo más emotivo de una obra de arte no está en su contenido manifiesto, es decir en lo que nos cuenta, sino en las configuraciones, tonos y texturas más o menos accidentales que se encuentran en los intersticios del motivo central. Esto significa que lo que más nos afecta es toda la gama de "figuras", tonos y texturas que acompañan al modelado de la forma, tanto como lo que se encuentra en el fondo sobre el que la última destaca, es decir, todo aquello de lo que, por lo general, no somos conscientes. Para este autor, ese material es significativo porque se dirige a una zona reprimida de nuestro inconsciente, aludiendo, según él, a elementos simbólicos de carácter sexual. Aunque esta tesis no deja de ser sugerente, es a mi parecer, extremadamente reductiva. Las constelaciones psíquicas que subyacen en lo impensado no pueden consistir únicamente en símbolos libidinales: lo inefable no se construye de una vez por todas en la primera infancia. Es la existencia permanente de incontables entrecruzamientos y sucesivas yuxtaposiciones de vivencias y sentimientos por lo que nunca se clausura de modo definitivo la estructura de lo inefable. Segundo a segundo nos estamos modificando en lo psíquico tanto como en lo físico. Lo que constituye nuestra identidad en determinado momento no es sino —en palabras de B. Russell— un "haz de acontecimientos".

No es posible, entonces, volver previsibles nuestras respuestas emotivas frente a las cosas. La infinita combinación fortuita de circunstancias impiden responder del mismo modo en diferente momento, aun a la misma cosa: lo que en este instante me emociona hasta las lágrimas me puede ser totalmente indiferente unos momentos después.

El arte es una de estas "cosas" a la que no se puede responder de un solo modo. Y de ello hay que tomar nota cuando se crea. Nada más estéril que intentar volver inequívoca una obra. Aún hoy existen muchos pintores —principalmente aprendices— que intentan hacer transparente su pintura: quisieran hacer desaparecer la mano que la pinta, ocultando en el esfumado, el gesto imperfecto. Por supuesto, con eso no se logra volver unívoca una pintura; de ningún modo es posible tal hazaña. Sin embargo, lo que sí se logra trágicamente, es sustraer una parte importante y singular de la identidad. Nuestras manos, nuestros brazos, el mismo tronco y nuestras piernas, son partes todas que obedecen pero que también ordenan cómo ser lo que somos.

La creencia en un supuesto dualismo que me lleva a separar lo sensible de lo pensado, también es causa del divorcio entre mi mano y mi idea. La censura y represión de mis deseos encuentra en esta escisión una de sus consecuencias. Mi mano se mueve sólo en la dirección permitida por su censor. Cualquier desviación es corregida o suprimida. De lo que se trata es de que mi deseo se oculte detrás de lo que hago. El imperio de la Idea coloniza los sentidos: les da una estructura, les impone un código y un orden jurídico.

Lo que la Idea no sabe es que ella misma es colonia de otro imperio: un imperio totalitario y despótico que se encuentra afuera, pero, también adentro de quien la piensa. Las relaciones de dominación que tienen su asiento en la autocensura inconsciente toleran poco la libertad del cuerpo porque es éste el que más se resiste a ser sometido. De ahí la paradoja de que sea una libertad meramente imaginaria mediante la cual la Idea ejerce su dominación sobre aquello que potencialmente es la parte más libre de nuestra relación con el mundo: el cuerpo.

A través del cuerpo percibimos las cosas de un modo más directo: nuestros sentidos no entienden mucho de ideologías. Por tanto, cuando un arma punzante atraviesa mi piel, no especulo acerca de si el dolor existe o no; cuando siento hambre ésta no queda aplacada con la lectura de un menú. Todos mis apetitos son sensaciones reales que pueden ser desviadas de su objeto o reprimidas, pero no suprimidas con un gesto autoritario.

El virtuosismo técnico de un artista funciona muchas veces de modo equivalente a la intransigente moralidad de un superyó consumado hasta los límites. El pintor que gusta desplegar un sofisticado oficio y que obliga a su trazo a un rigor perfeccionista se asemeja bastante al monje medieval que está dispuesto a torturar y humillar su cuerpo porque lo considera el lugar privilegiado de la corrupción y el pecado.

Se encuentran incontables muestras de un arte que se ha vuelto puramente cerebral. Sin tratar de deslegitimar dogmáticamente el arte que se funda en el concepto, se puede advertir que éste nos revela una dimensión relativamente pobre de lo que podemos ser como entes singulares.

El arte conceptual y todo el que se hace bajo su paraguas teórico han asumido tácitamente un dualismo cartesiano: somos cuerpo y mente, dos entidades separables y separadas. No tendría nada de censurable enfatizar la dimensión conceptual si no fuera por la sospechosa razón de lo que encubre: el consentimiento a la mutilación física y simbólica del cuerpo.

Cuando hablábamos antes de la expansión del deseo, indicábamos que el sistema de dominación había cercenado nuestros cuerpos porque en ellos se asentaba el deseo que es latente subversión. En este contexto, el arte conceptual o cierta pintura geométrica son ejemplos de una castración de *motu proprio*.

La autoinmolación del cuerpo es, en nuestros días, un rasgo común a la cultura en general y no sólo propia del arte. Ya nadie quiere usar sus piernas para caminar, sus manos para trabajar o, siquiera, sus ojos para ver. Para cada una de estas actividades existe un artefacto en el mercado. Hemos renunciado a la dimensión activa de nuestros cuerpos a cambio de la gratificación pasiva: el mundo se nos entrega totalmente sin necesidad de movernos de nuestro sillón favorito. No es extraño encontrar conformidad con tal estado de cosas: nuestros "deseos" y un buen telemando mediante, se vuelven órdenes.

El artista que aún trabaja con sus manos y que está consciente de que esas manos son sus manos, que son parte de su cuerpo y que, por tanto, no hay razón para esconderlas, se está oponiendo de algún modo a la alienación de sus deseos más vitales. No sólo eso, el arte que el sistema de dominación más dificultosamente puede recuperar, es aquel que no le hace el juego a la represión del deseo y de todo aquello que lo simboliza.

En el ámbito del arte caben todo tipo de expresiones, tanto aquellas que se encuentran armónicamente vinculadas al mundo, como aquellas otras que se hallan en permanente tensión con su medio. No se puede enjuiciar a una y otra expresión desde un espacio neutro: cada una vale más para quien se identifica positivamente con ella y no con la otra. Y por más que estemos acostumbrados a que la historia exalte el inconformismo, se está consciente de que al inconformismo —otra truculencia más— se le acepta sólo cuando ha dejado de serlo.

LA SEDUCCIÓN: MOLESTO TRÁMITE

Lo que caracteriza a la sexualidad en nuestros días es el anhelo a consumarse sin que medie trámite alguno. Se reconoce ya sin ambages la inquieta y permanente latencia del sexo como un asunto legal en el campo del deseo. El derecho a practicar el sexo como un fin en sí mismo ya no es discutido. De ahí que se identifique el ejercicio desinhibido de la sexualidad como auténtico síntoma del despliegue libre del deseo.

Sin embargo, el sexo visto de este modo, significa sólo un medio eficiente de satisfacer un impulso biológico natural. En su ensayo sobre la seducción, Baudrillard dice: "Somos una cultura de la eyaculación precoz. Cada vez más toda seducción, cualquier manera de seducción que implique un proceso altamente ritualizado, se borra detrás del imperativo sexual naturalizado, detrás de la realización inmediata e imperativa de un deseo". Si asociamos esta crítica a la que del poder se suele hacer, notaremos su similar estructura: tanto el imperativo sexual naturalizado como el deseo de poder aspiran a la inmediatez, es decir, a evadir el trámite: la seducción.

El público vulgar se acerca a la obra de arte como si ésta fuera un acto mágico de revelación. Posee una fe mística en la existencia de una verdad manifiesta que traspasa al campo del arte. Si la obra es buena —piensa el espectador ingenuo— se le debe hacer evidente sin el menor esfuerzo de su parte. No está dispuesto a participar en el penoso ritual de seducción que una obra mínimamente compleja demanda porque, posiblemente, se tienen otras cosas más importantes en que ocuparse.

La seducción aparece aquí, pues, como obstáculo en la realización del deseo pero, ¿por qué se muestra de ese modo y no como estrategia en sí gratificante que complete la realización plena del deseo? Y ¿por qué frente al arte también se prefiere la eyaculación precoz?

Quizás en el terreno de la alienación el arte y la sexualidad posean más paralelismos de los que sospechamos. Nuestra actitud impaciente frente a esta pintura que se niega a entregársenos sin condiciones es equivalente a la inmediatez con que esperamos que nuestro deseo sexual se materialice en un cuerpo, cualquiera que éste sea o cualquiera sea la disposición amorosa de nuestra pareja.

Y es que el proceso de seducción se vive como postergación del deseo antes que como su extensión: hacia atrás y hacia delante. La seducción vista con este criterio mezquino aparece como una inversión en sí misma improductiva; la ritualidad del cortejo no es rentable en tanto que el instinto puede ser satisfecho sin su ayuda. El rito de seducción es, entonces, un lastre (romántico) que se arrastra sin sentido.

Pero también existe un arte que intenta deliberadamente ser rapto y no seducción. Éste trata de movilizar al espectador sin su consentimiento; es un arte que se dirige a la inmediatez de los sentidos: quiere violarlos. El peligro de esta clase de arte es que si el rapto no se consuma, es decir, si no se logra arrancar al espectador de su apatía, el daño será irreversible, el afecto no podrá ser recuperado jamás.

La seducción, en cambio, es la minuciosa invención del deseo de uno en el otro; aunque también aliento del deseo propio. Como el proceso de seducción es precisamente meticulosa invención, exige organizar nuestros deseos conforme a un plan "perverso" que prolongue el instinto natural y lo transforme de desahogo en goce pero, sobre todo, en comunicación privilegiada con el otro. Mediante la seducción operamos un tránsito que nos lleva de la fisiología a la psicología; de la pura animalidad al mundo simbólico de lo imaginario.

Sólo el campo de lo imaginario puede darle un sentido trascendente al instinto que pugna por ser satisfecho pero que nunca se agota en la consumación; este sentido puede trascender al mero instinto convirtiéndolo en deseo: deseo que es elaboración y no mera naturaleza.

La seducción es, pues, una estrategia de lo imaginario puesta al servicio del instinto que permite, paradójicamente, que el instinto acabe subordinándose a lo imaginario. En otras palabras, lo simbólico imaginario es la retórica que hace de nuestro instinto un deseo.

El hiperrealismo: una obscenidad

El hiperrealismo, como toda sobresaturación de información, es obsceno. Su obscenidad consiste en querer mostrar todo sin ocultar nada; al igual que el sexo porno, pretende raptar al ojo ofreciendo todo de una sola vez.

La pornografía representa un ataque frontal a nuestras pulsiones, intenta secuestrar nuestros deseos y violarlos. No aspira a nuestra complicidad, la da por descontada, más aún: la vuelve prescindible. "He aquí —dice— algo más real que lo real; algo más verdadero que la verdad; y, por tanto, no necesito tu voluntad para impresionarte". Si no solemos maravillarnos ante lo real, en cambio, siempre estaremos dispuestos a fascinarnos frente a su "perfecta" simulación.

La obscenidad del sexo y el hiperrealismo del objeto son pretensiones ambas de verdad total. La cancelación del secreto —el conocimiento absoluto de las cosas— es lo que aquí van a encontrar —parece decirnos, con el tono de un mago de feria, el hiperrealismo. Pero esto es mera pornografía de la imagen porque, a fin de cuentas, se nos quiere hacer creer que el objeto —al igual que los genitales en el porno— o sea, la cosa en sí, existe, y no es —para nosotros— una representación.

El hiperrealismo pretende socavar nuestra relación con el mundo haciéndonos creer que la realidad de afuera es nada comparada con la suya. No en balde se autoproclama como hiperreal = más que real. En este sentido resulta muy significativa la anécdota de aquella madre que no satisfecha con el elogio que a la belleza de su bebé hacía un extraño, intenta conquistar aún más su admiración diciéndole: "Tendría usted que verlo en fotografía: es aún más hermoso".

El hiperrealismo es una estrategia terrorista del arte: nos amenaza con raptarnos y violarnos sin esperar resistencia. El espectador común se encuentra fascinado frente a este símil de realidad que parece describir a la realidad-real como un símil imperfecto de aquélla. Lo que le fascina es mirar y no hallar ninguna fisura de irrealidad; fisuras que, por lo demás, sí existen en la realidad, pero que no llaman la atención debido al prestigio de verdad absoluta inherente al estatuto de toda realidad-real.

Pero la verdad es que la realidad no es hiperreal, sino más bien, sub-real; no en el sentido mágico e irracional de los surrealistas, sino en el sentido de inconsistencia, de fragilidad. La realidad no posee esa continuidad que postula ingenuamente el sentido común; los físicos saben que lo discontinuo es cualidad esencial de lo real; es nuestra conciencia la que proyecta una continuidad en lo real, porque somos nosotros los que la necesitamos.

Es curioso observar cuantas veces hemos creído ingenuamente que la naturaleza nos ha revelado sus secretos cuando, lo que en realidad ha sucedido es que nosotros hemos revelado los nuestros en el modo de leerla.

Pero hablábamos de lo obsceno del arte hiperrealista que consiste en no dejar un solo espacio sin ocupar en su imperativo afán de información. Lo que éste no entiende es que, no es la mucha información la que produce mucho arte; por el contrario, es la "poca" información, al lado de un "vacío" que debe ser llenado por el receptor, lo que hace que el arte sea más que una pura y bruta impresión sensorial. "Para que una cosa tenga sentido —dice Baudrillard— hace falta una escena, hace falta una ilusión, un mínimo de ilusión, de movimiento imaginario, de desafío a lo real, que nos arrastre, que nos seduzca, que nos rebele". Esto es lo que hace estéril al hiperrealismo: su carácter tautológico; esta mesa es una mesa, esta manzana una manzana —nos indica doctamente.

El tema del hiperrealismo nos lleva a la oposición obscenidad-seducción. Por un lado, el objeto en su desnuda apariencia exhibiéndonos en primer plano, como carnada a nuestro deseo, su "sexo". Por el otro, la velada insinuación de la seducción que antes que tomar por asalto al deseo, decide desafiarlo manteniéndolo a una distancia prudente: ni muy cerca, ni muy lejos. El chantaje porno del sexo es lo contrario del erotismo en el que se da una comunicación sexual entre dos sujetos y no entre un objeto y un sujeto.

El hiperrealismo quiere hacer eyacular al ojo sin antes haberlo acariciado —léase: seducido. Frente al hiperrealismo el ojo eyacula efectivamente, pero en el vacío, lo que hace que esta eyaculación sea más insatisfactoria que la de una masturbación en la que, cuando menos, hay un intento de escenificación, de ilusión, o de enamoramiento narcisista.

El porno es la conversión de un órgano, que es mediación de la subjetividad de un sujeto, en un objeto que no refiere a nada ni nadie, sino a sí mismo. Igualmente, el hiperrealismo, en última instancia, no es referencia a lo real, a lo que está afuera, de lo que él podría ser una representación, sino despliegue de sí mismo hipostasiado en el virtuosismo de su depurada técnica. Lo que busca el hiperrealismo no es seducir al espectador, sino pasmarlo.

El exceso descriptivo del hiperrealismo es metáfora perfecta del exceso informativo de los "media". Tanto frente a uno como frente al otro, la única respuesta posible es la parálisis de la acción, la indiferencia. Si cada hora escuchamos acerca de un terremoto, miles de accidentes, revoluciones, guerras, desastres y cientos de muertos, acabamos por volvernos insensibles a la tragedia ajena. Si cada milímetro cuadrado de esta pintura me informa exhaustivamente sobre la apariencia de una serie de objetos, al fin, no me dice nada. Porque cuando yo miro los objetos no me interesa apropiarme de su naturaleza entera, sino sólo de una parte de ellos que, en un momento dado y no en todo momento, me comunica algo que me es pertinente. En el hiperrealismo hay profusión pero ninguna difusión; hay saturación de información pero inhibición de sentido.

Pero lo más lastimoso del fenómeno hiperrealista es su compulsiva manía de servir, a su especial manera, sólo a un órgano: el ojo. Para el hiperrealismo no existen otros órganos del cuerpo: manos, piernas, dedos... Es una especie de imperialismo sensorial que coloniza toda extremidad que pretenda manifestarse independientemente. Al hacer desaparecer en el acabado pulcro y puntual del modelado, del dibujo, del color, toda referencia a la identidad del cuerpo del pintor, el hiperrealismo culmina en la impersonalización absoluta.

Por eso el hiperrealismo, en tanto que se trata de una fórmula, está condenado a jamás convertirse en "estilo".

Ningún pintor que se fascine por la mera apariencia de los objetos puede culminar expresándose a sí mismo; a no ser, muy superficialmente, a través de la selección de objetos que decida reproducir.

En la medida en que el hiperrealismo —una clase de positivismo de la visión— pretende ser mirada pura, no contaminada por los espasmos del cuerpo, se aleja de toda posibilidad de ser más que una depurada y habilidosa técnica de aplicación de pigmentos en una superficie. Para decir lo que tenía que decir —que, por cierto, no era mucho— no había necesidad de haber hecho más de un cuadro. Conducta que hubiera sido tan sensata como la de Duchamp.

Apología del arte torpe

Espero en cambio, poder dar buenas razones para legitimar cierta clase de producción artística que encuentra sus límites en una habilidad mediana para encarar y resolver los problemas elementales del dibujo, composición y color.

Cuando digo que me propongo defender al arte torpe no me refiero a toda clase de pintura deficiente, sino sólo a cierta clase hecha bajo específicas circunstancias.

En principio diré que considero con poco respeto a toda obra insincera ya sea hábil o inhábilmente realizada. Hablar de insinceridad en pintura sin explicar cuáles son sus rasgos constatables, es decir muy poco. Por tanto, trataré de definir lo que a mi juicio constituye la falsedad. Umberto Eco en su libro *Apocalípticos e integrados* pasa revista al fenómeno del *kitsch* y señala, entre otras cosas, que lo vulgar o cursi (*kitsch*) se define por ser un producto que plagia las virtudes de obras reconocidas cuya eficacia ha sido probada —descontextualizándolas de su origen en donde esas virtudes funcionaban orgánicamente— y las trasplanta arbitrariamente. El resultado suele ser un objeto que apunta a la sensibilidad ahí donde se encuentra ya trabajada. En otras palabras, lo plagiado, siendo una cualidad necesaria en el objeto original, aparece aquí como "efecto". La acumulación indiscriminada de efectos pretende alcanzar al consumidor por la vía más fácil. No trata de descubrirle un mundo al espectador sino recordarle anteriores descubrimientos de los cuales recibió gratificación. Por lo demás, el amplio éxito que gozan los productos *kitsch* habla de los difundido de la actitud de buscar gratificación con el menor esfuerzo posible.

El producto *kitsch* va dirigido a un público que desea gozar sin involucrarse demasiado. El espectador que le hace el juego a la obra *kitsch* es el compinche ideal de quien la produce. Esta complicidad tácita entre productor y consumidor del arte *kitsch* se funda en idénticos principios: el arte es un producto destinado a producir placer y aquella obra que mejor lo cumple es la que menor esfuerzo exige. Ésta, por tanto, se debe confeccionar con fórmulas de probada eficacia.

Pero si bien desde una perspectiva sociológica o psicológica el arte *kitsch* cumple con su cometido específico, que es el de satisfacer a un público escasamente interesado en el arte, no debe dejar de denunciarse su impostura. Y no tanto por un afán quijotesco de purificar al arte y a la sociedad, sino para señalar las puertas falsas por las que, sin saberlo, mucha gente de buena fe intenta introducirse a la práctica artística.

Aquí es donde nuestra crítica a la insinceridad se vuelve más concreta. Abundan los casos de artistas y aficionados a la pintura que sin saberlo —y son éstos los que nos importan— estructuran su obra con partes, o con un lenguaje totalmente plagiado. La ignorancia es la mayor responsable de tal procedimiento y no la mala fe. Se parte del supuesto de que las formas plásticas son como las palabras y que basta con reordenarlas en función de diferentes "contenidos" para que la obra se vuelva personal. Existen pintores aficionados a la pintura surrealista que creen que basta con colocar los símbolos icónicos ya conocidos en posiciones y contextos variados para crear múltiples significados. Los más ingenuos hacen radicar su originalidad en los temas, pero en su mayoría se esfuerzan por imitar soluciones antes que mirar hacia los interrogantes que llevaron hacia tales soluciones.

A través de largos años de trabajar como maestro en talleres de dibujo, obtuve la convicción profunda de que no se requiere un grado de dominio excepcional del oficio para lograr un lenguaje personal. Existe en mucha gente una genuina e interesante torpeza que deforma involuntariamente su representación de la realidad y que les provee de una singular expresividad a pesar de todas sus deficiencias. Pienso igualmente que no toda originalidad es igualmente valiosa desde el punto de vista artístico. No basta ser sincero para ser un buen artista. Sin embargo, creo que vale la pena intentar alejarse de los lugares comunes aunque no lleguemos a ninguna parte. Esto nos puede costar el poco público que podríamos alcanzar si hiciéramos concesiones a su gusto. Pero la alternativa real está en ser rechazado por algunos y aceptado por otras siendo lo que somos, o ser aceptados y rechazados por lo que no somos.

Para hacer una obra honesta no existen recetas. A veces es difícil distinguir un vicio de un rasgo individual. Hay quienes confunden un tic con el estilo, y suponen, como lo señalé antes, que lo personal se construye con redundancias; que basta repetir indefinidamente un tema o una imagen para que la obra se singularice. El estilo personal no es nada de eso; éste no se manifiesta en lo fijo y estereotipado sino a través del cambio. Alguien que se repite todo el tiempo no es alguien que posee un estilo formado sino alguien que ha aprendido a copiarse a sí mismo. La mayor prueba de insinceridad es la de hacer en dos momentos diferentes un mismo cuadro. Una pintura refleja lo que fuimos pero ya no podemos ser. Una obra terminada es un pedazo de nosotros que nos hemos arrancado pero que ya no nos pertenece y que es ridículo volver a recoger. Y si, sin darnos cuenta, empezamos a repetirnos es porque de momento no tenemos nada que decir y no queremos callar. En tal caso hay que tomarlo como un síntoma y tratar de atacar las amenazas de esterilidad asomándonos al mundo, a lo que sucede a nuestro alrededor y después, intentar de nuevo.

Al tratar de hacer la apología del arte torpe he llegado a hacer el retrato de una situación ideal que se parece demasiado a la que debe haber enmarcado la vida de los más significativos artistas. Sin embargo, s⁓ ⁓engo lo dicho: en la práctica del arte la sinceridad es un valor estético y no importa qué tan modesta o grande sea una obra, la honestidad jamás será un estorbo y sí una cualidad esencial. Aun así, la obra de un gran artista puede llegar a ser insincera y no obstante, poseer otras virtudes; en cambio, a una obra modesta que es insincera no le queda nada que justifique su existencia.

Abundan, por otra parte, ejemplos de pintores que no pudiendo alcanzar un nivel mínimo de oficio dibujístico o de manejo del color, no se resignan a hacer una obra modesta y, por lo tanto, intentan disimular sus deficiencias imitando el desdibujo y desenvoltura de los maestros. Tratan pues de destruir las formas sin ton ni son porque piensan que si el arte moderno lo permite todo, también permite las trampas.

En ciertos momentos, el silencio del sabio y el silencio del ignorante "suenan" igual y suelen confundirse, pero tienen significados muy distintos. La renuncia del sabio a evidenciar su saber en cada frase que enuncia se asemeja a la del buen pintor que selecciona entre sus recursos sólo aquellos que requiere para decir lo más directamente posible lo que tiene que decir en ese momento. Por su parte, tanto el ignorante como el pintor sin recursos que intentan impresionar y que no tienen a qué renunciar, hacen la comedia del renunciamiento. Sin embargo, para un ojo educado, estas trampas no pasan inadvertidas y hasta en un simple garabato es posible distinguir si lo que hay detrás es alguien sensible y conocedor del oficio o lo contrario.

En la renuncia del buen pintor a utilizar el virtuosismo se halla pues, una sabia contención; en cambio las aparentes renuncias del pintor mediocre son sólo trucos fraudulentos condenados inevitablemente al fracaso.

ARTE CONCEPTUAL Y SOCIEDAD INDUSTRIAL AVANZADA

No deja de ser significativo el hecho de que el surgimiento del "arte conceptual" se haya dado en Estados Unidos, vanguardia de la sociedad industrial contemporánea. Es difícil no desconfiar de una propuesta que primero proclama la preponderancia del concepto sobre el objeto, para más tarde anular a éste por completo. Los que no pertenecemos al núcleo central de esa sociedad —pero que sufrimos su influyente presencia en nuestra vida cotidiana— nos encontramos oscilando siempre entre la admiración y el rechazo, entre el respeto y la irritación. ¿Cómo tratar pues con un producto artístico específicamente norteamericano? ¿Se puede ser objetivo?

El arte conceptual conduce hasta sus límites la propuesta de Duchamp hecha en 1914 con la introducción del *ready-made*. Sin embargo, el corolario representa un salto cualitativo. En Duchamp, aunque como tautología, el significante sigue presente en tanto objeto. El arte conceptual puro ha abandonado todo punto de partida objetual y se presenta como pura idea, o idea de una idea. La dificultad no estriba en que ahora no existe objeto a nivel del significante, puesto que su lugar lo ha asumido la palabra, sino en evitar que estas proposiciones visuales que ocupan los muros de una galería o de un museo no sean confundidas con la literatura. Si su naturaleza es verbal, el arte conceptual, aunque remita a imágenes visuales, posee una esencia más bien lingüística. Por otra parte, si se ofrece como especulación teórica acerca del arte, se acerca más a una filosofía del arte, pero se aleja del arte como objeto al ponerse encima de él. Es cierto que el arte moderno en general es siempre una reflexión sobre el arte mismo; que un cuadro nos habla más de otros cuadros que de la naturaleza; pero también es cierto que esta reflexión se hace desde adentro, es decir, desde la pintura y no, por ejemplo, desde la música. Una música que reflexionase sobre pintura no dejaría de ser una pieza musical. Una reflexión sobre arte hecha a través de conceptos verbales sigue siendo verbal. Y si es verbal puede ser literatura, filosofía o poesía. Lo que esta reflexión no puede reclamar es ser la corriente artística en la que debe culminar la plástica moderna. Si el arte conceptual se presenta a sí mismo como una opción especializada en un área de propuestas de la vanguardia, y nada más que eso, su posición sería respetable.

Pero el hecho es que el arte conceptual avanzó hacia un

callejón sin salida; a partir de sus premisas no es posible avanzar más. Desaparecido el objeto se introduce en un área no visual, no sensible al ojo, característica esencial del objeto plástico. Por tanto, el arte conceptual no implica un avance sino una digresión en la historia de la pintura. Aunque el artista conceptual no negase en lo particular que con su trabajo está cuestionando la validez de todo arte objetual, su misma actividad lo proclama. Decir que hablar de exposiciones o de obras inexistentes vale lo mismo que hacerlas realmente es pronunciarse como los epígonos en quienes culmina el arte moderno.

Se ha hablado bastante sobre la desintegración de la forma en relación al arte del siglo XX. No es extraño que el arte conceptual reclame ser el que ha llevado a su consecuencia lógica esta evolución. Es precisamente en este punto en donde el análisis tiene que ampliarse hacia una zona política extra artística. ¿Es casual que la potencia más poderosa del planeta exprese su experiencia del mundo —en este caso el arte es parte importante— con la anulación del objeto artístico? El fin del arte objetual puede tener sentido para quienes no hacen con sus propias manos nada de lo que necesitan. La avanzada tecnología les provee de todos los productos fabricándolos en serie y de modo impersonal. Los alimentos ya no tienen que elaborarse: vienen listos para ingerirse. Para lavarse los dientes ya ni siquiera es necesario agitar la mano, está el *water pick*. El lavarropa, el lavaplatos, la secadora, la licuadora, el molinillo automático, el control remoto en la TV, en el aparato de sonido, en las puertas; todos estos inventos y muchos más tienden a la atrofia de cada uno de los miembros de nuestro cuerpo. Nuestros deseos se conectan con su realización sin mediar una actividad muscular. Como en el cuento del genio y la lámpara: nuestros deseos son órdenes.

Si se piensa que nada de esto tiene que ver con la evolución del arte, compárese el panorama descrito con las siguientes propuestas del arte conceptual: Seth Siegelamb, antiguo marchante de arte que ahora trabaja como director artístico, ha "montado" varias exposiciones colectivas que no existían en ningún lugar (a no ser en el catálogo). Una película conceptualista de Les Levine (*Película para ciegos* 1969) no contiene ninguna imagen. William Anastasi filmó una pared del Museo de Arte Moderno de Nueva York, y proyectó lo filmado sobre esa misma pared. Además, una serie de exposiciones cuya única expresión física es su reseña en las revistas y periódicos (para el artista lo que la gente comente repecto a la ausencia del objeto, es obra suya).

De este modo, el arte conceptual no sólo revela su desprecio por la actividad manual sino que, además, sustituye los hechos materiales del arte por su simulación. Lo que cuenta ya no son los objetos siño su "función". Hasta antes del desarrollo del arte conceptual, la difusión de la obra era la consecuencia de la existencia previa de ésta. El arte conceptual resulta, en tanto es un significado sin significante, un mensaje en el que el lugar del referente está vacío. Podría reclamar para sí mismo un carácter metalingüístico, es decir, una forma de reflexión acerca del arte mismo. Sin embargo, los extremos alcanzados por éste hacen sospechar que se encuentra menos emparentado con el arte que con la expresión mercantil fetichizada que éste ha alcanzado.

Por otra parte, de algún modo el arte conceptual resulta ser el producto lógico de una sociedad industrial avanzada. Expresa no sólo el nivel elevado que ha alcanzado la tecnología sino también el grado de alienación que ésta ha producido.

El arte conceptual lleva al límite no solamente la separación entre el hombre y la naturaleza, sino aísla dramáticamente al hombre de su propia expresión objetivada. Es cierto que el arte ha tenido siempre un componente conceptual y que éste las más de las veces determina la importancia de la obra. No se trata en este caso, de oponerse dogmáticamente a la evolución de las concepciones artísticas sino de hacer su crítica en función, no nada más de la novedad que ofrecen, sino de sus implicaciones artísticas tanto como de su trasfondo ideológico.

EL CUERPO Y LA IDEOLOGÍA

La necesidad imperativa de manifestar pues la verdad de nuestro cuerpo y emanciparlo del despótico dictado de la razón histórica —léase ideología— empieza a parecer evidente. No se trata únicamente de saber de qué modo el cuerpo debe dejar de servir obedientemente a la Idea, sino, sobre todo, de qué manera el cuerpo puede empezar a imponer condiciones a la razón.

El problema es complejo porque no se trata de oponer a la hegemonía de la Idea, en un esquema dualista, la hegemonía del cuerpo, respetando idéntico esquema. Por el contrario, el único modo en que se puede operar una liberación en el campo subjetivo es integrando en un sólo plano a esta pareja de protagonistas que las relaciones de dominación han escindido como entidades opuestas para así someter mejor. Nuestro cuerpo jamás podrá desarrollar su potencialidad de goce sin el concurso de una conciencia que integre al cuerpo en el campo de lo imaginario. Lo que hace a nuestra naturaleza una virtualidad abierta es que lo imaginario puede investir el repertorio limitado y monótono de nuestros instintos de novedosas e infinitas figuras imaginativas. Estas figuras no se reducen a ser meros disfraces en los que el instinto corre el peligro de alienarse; la coloración imaginaria del instinto puede llevarlo a una consumación más plena, porque nuestras necesidades de gratificación no son, de ningún modo, silvestres, sino que se encuentran ancladas en la historia.

Decir que nuestras necesidades de gratificación derivan de la historia no significa aceptar sólo aquellas que el poder central irradia como únicas legítimas sino, sobre todo, reclamar aquellas que el imperio del poder no reconoce como tales, pero que tampoco puede impedir que se asomen entre sus fisuras como promesa retenida.

EL ARTE COMO LIBERTAD ALUCINADA

El arte, o cierto tipo de arte, ocupa un lugar en estas fisuras indiscretas del poder. El arte es promesa de libertad, pero de una libertad alucinada. Si permanece como refugio a la zozobra que nos produce el mundo es precisamente porque nos remite a lo real posible. Pero el arte no puede sustituir a la liberación, sólo puede simularla. De ahí el error común de confundir la sombra del objeto con el objeto mismo. El arte no subvierte las relaciones de dominación porque, en cierto modo, las ratifica, trasladando el deseo al espacio de la utopía.

La incumplida promesa del arte es, por tanto, su fuerza: se exhibe pero no se entrega; promete pero no cumple. Este juego veleidoso de atracción-rechazo mantiene al arte en un sitio privilegiado. A través del arte se vive fantasiosamente la gratificación que la realidad nos niega.

En el mundo de la utopía la consumación del arte significaría su abolición. En el nuestro, el arte es un pedazo más de nuestro ser fragmentado. Hemos aprendido a compartimentalizarnos ubicando en cada una de nuestras gavetas mentales experiencias, al parecer, inconexas. Trabajar, consumir, amar, soñar, charlar o vivir el ocio irresponsablemente son actos que escindimos cada uno de los otros. Asumimos que unos son más serios que los otros y, por tanto, no se nos ocurre, por ejemplo, en qué puede estar relacionado nuestro trabajo con nuestros sueños, o la manera en que hacemos el amor con la forma en que charlamos. También nos puede parecer en extremo absurdo querer encontrar un rasgo común entre nuestras preferencias estéticas y el modo en que tratamos a un mesero.

En realidad todo lo que hacemos constituye una unidad compleja e interdependiente. Y cada expresión o acto nuestro es un engrane que pone en movimiento el mecanismo de nuestra personalidad entera: a cada acción corresponde una reacción sinestésica en otra área. Por tanto, no podemos modificar nuestras preferencias artísticas sin alterar de algún modo nuestro tipo de moralidad y a la inversa.

Quien se educa en el arte se da tempranamente cuenta que no es posible avanzar más allá de cierto punto sin cuestionar sus supuestos en otros campos de su percepción del mundo. Al cambiar nuestra aproximación al arte cambiamos nuestras vidas. Esto no significa una valorización positiva del cambio sino solamente una constatación de las tensiones que siguen a la exploración de territorios nuevos para la experiencia.

Por eso, quien se encuentra a gusto con lo que es, sabe bien que no tiene sentido correr el riesgo de lanzarse a colonizar nuevos territorios: presiente que más allá del lugar que ahora ocupa, el terreno no se encuentra igual de firme. Este presentimiento no es en absoluto infundado.

Poner en duda cualesquiera de nuestras creencias es poner en crisis nuestra entera concepción del mundo.

Este cuadro que pinto hoy y que no se parece en nada al que hice ayer rompe mis vínculos con lo que creí —hasta el día de ayer— yo era. Y si yo ya no soy el mismo, tampoco el mundo y cada cosa a mi derredor pueden seguir siendo los mismos. Mi esposa, mis hijos, mi hermano, mi amigo se vuelven también extraños: sus rostros y sus palabras me dicen otra cosa que la que apenas ayer me decían. Al conjuro de un acto mío todo el mundo se ha metamorfoseado "mágicamente". Esto no es alucinación romántica sino estricta lógica. Quien haya dado un paso de esta clase lo habrá de confirmar: la audacia de un gesto impensado basta para destapar la caja de Pandora, desencadenando una furiosa introspección.

En este sentido, si el arte no puede liberarnos, al menos nos vuelve otros. Si a partir de la insinuación que éste nos hace de que existen otros modos de entender la realidad de aquellos que practicamos, nos vemos empujados a poner en tela de juicio lo que nos habían contado, lo que creíamos saber, entonces el arte no resulta del todo inofensivo. Pero esto no lo logra el arte por sí solo; se necesita la complicidad de un sujeto predispuesto, inquieto e inconforme, aun sin que lo sepa.

EL ARTE COMO DETONADOR

A veces, la obra de arte es sólo un detonador que hace estallar inesperadamente un debate de conciencia que se hallaba en ciernes. Una energía efervescente pero ciega halla de pronto un cauce que le da forma, un modelo que la integra, y lo que hace unos momentos era un puro caos, se transforma en un objeto con contornos definidos que sólo ahora puede ser pensado. En tal situación, el arte no inventa sino da forma inteligible a lo impensado.

Nadie que se mantenga igual a sí mismo antes y después de haber estado frente a una obra de arte está participando de una experiencia artística. La melodía viscosa que fluye de los altavoces en un supermercado es un ruido adormecedor que no me lleva a cuestionar siquiera la marca del dentífrico que estoy adquiriendo. De igual modo, quien se hace de una pintura para ornamentar su sala y su prestigio no se está aventurando en una experiencia específicamente estética, por lo tanto, no está expuesto al peligro de un autocuestionamiento que amenace el equilibrio de sus creencias.

No se trata aquí de demostrar que sólo el arte "auténtico" puede producir una verdadera conmoción en nuestra experiencia subjetiva. Lo que se intenta señalar es que existen modos de lectura comprometida y otros que no lo son. Para ello, la pura voluntad no basta. No podemos decidir caprichosamente cuándo y cómo una obra va a sacudir: la precondición es un conjunto de circunstancias que están fuera de nuestras manos fabricarlas. Lo cierto es que esta experiencia radical no puede darse cuando nos encontramos confortablemente acomodados a nuestro ambiente. Por el contrario, lo que la favorece es una situación de crisis no resuelta, de la que a veces no se conoce el origen. En tales casos la obra funciona efectivamente como una "revelación": reconocemos en ella lo que nos hacía falta y de ahí nuestra entrega. Esta experiencia no es otra cosa que el encuentro feliz y circunstancial de un sentimiento errabundo puesto frente a frente a un espejo que lo revela. Pero que quede claro que es en nosotros donde se opera la "revelación" y no es algo que le sea inherente a la obra. De tal modo que en este planteamiento se puede poner entre paréntesis el valor objetivo de una obra y sin embargo afirmar la realidad de sus efectos subjetivos. Lo que usualmente nos conmueve de una obra es nuestra afinidad con ella y no sus cualidades intrínsecas. Por lo mismo, no se necesita estar frente a una obra excelsa para vernos conmovidos; lo que cuenta es más nuestra predisposición que el objeto que la ratifica.

El arte como experiencia modificante

El arte es, en cierto modo, la fabulización de lo inefable. Esta fábula de lo impensado que encuentra su asiento en la ambigüedad del arte no concuerda con la funcionalidad decorativa o recreativa que a menudo se le suele imponer. La obra de arte colocada como un objeto entre otros acaba sometiéndose a la lógica abstracta de la pura denominación. Integrar una obra de arte a un espacio funcional es la mejor manera de despojarlo de su potencialidad subversiva. El arte aplicado supone la estetización de la cosa pero, al mismo tiempo, significa la cosificación del arte.

Y si bien, por un lado, los objetos que se fabrican atendiendo no sólo a su utilidad funcional sino a su presentación dentro del sistema de objetos, adquieren un significado estético adicional, por otro lado, los que se elaboran resistiéndose a ser integrados en la serie de objetos ambientales pueden ofrecer lecturas más entrañables, aunque a veces, sumamente conflictivas.

Así es: toda manifestación que escapa a la clasificación en el orden de lo cotidiano, o tendemos a ignorarla o nos problematiza. De ahí que por razones de economía psíquica nos inclinemos más hacia la primera respuesta. Al reducir el objeto de arte a sus funciones ambientales anulamos su dimensión problemática y evitamos un potencial desasosiego.

Por lo demás, sería intolerable asumir todas y cada una de las manifestaciones del arte de un modo entrañable: el comprometernos enteramente en cada experiencia estética acabaría agotando nuestra posibilidad de conmovernos. Es precisamente porque sólo ocasionalmente nos encontramos dispuestos a ser involucrados por lo que una experiencia estética nos puede transformar.

Pero además, ¿quién está dispuesto a asumir el arte como una confrontación axiológica?, ¿por qué habría de perseguir un cambio quien se encuentra en paz consigo mismo y con el mundo? La precondición indispensable para vivir la experiencia estética como una aventura existencial es el sentimiento de estar sufriendo una negación. Se requiere que de algún modo nos sintamos negados para que el arte funcione como catalizador.

Un hombre que se conmueve hasta las lágrimas al escuchar una canción, se comporta así porque la canción —su letra, su melodía o ambas— lo remite a un deseo frustrado. La canción ofrece en un plano imaginario una compensación a la pérdida. El momento de la emoción recrea un encuentro con el objeto añorado. Se llora por lo perdido al reencontrarlo alucinadamente en la canción. Una experiencia de esta clase no conduce necesariamente a una reflexión que modifique al actuar posterior. No sucede así porque en el fondo hay un disfrute, una cierta complacencia autocompasiva con el sentimiento de pérdida.

Por eso creemos que el arte juega un doble papel: si por un lado nos inquieta, por otro nos reconforta. Esta duplicidad del arte se dosifica diferentemente en cada obra cuando es producida. Hay obras que combinan un perturbador desafío y un escaso interés por consolarnos. En cambio, hay otras —que son mayoría— cuyo reto es insignificante pero su solícito deseo de apaciguar es apremiante.

Como se ve, las funciones que puede ejercer el arte son

variadas y contrapuestas. En un mundo de por sí preñado de ansiedad no es raro descubrir que la mayoría desee recibir del arte un masaje terapéutico y no una fuente adicional de tensiones.

Nadie está obligado a cargar con más problemas de los que le demanda su ajetreada cotidianidad, sin embargo, el hecho es que al elegir la pasiva y deleitosa contemplación en lugar del problemático escudriñar en el misterio de las cosas —entre las cuales el arte puede ser sólo una más— estamos reduciendo los márgenes en los que podemos experimentar intensamente la vida como una aventura total y única.

Sin embargo, toda aventura tiene un precio y nadie nos garantiza que vamos a salir ganando siendo intrépidos, por el contrario: aquí las pérdidas son más tangibles que las ganancias. Pero aquel que por temor a perder su confortable equilibrio no arriesga, probablemente hará de todos sus días una calca mónotona de invariable tedio.

La complacencia: una forma de alienación

Existen diversos modos de volverme extraño a mí mismo. Uno muy común es cuando lo que hago se encuentra condicionado por un imperioso deseo de aceptación. Hay variadas maneras de ser aceptado, la más usual consiste en observar primero atentamente qué esperan de mí los demás para inmediatamente hacer de mis actos un espejo de ese deseo: de este modo creo asegurarme de no ser rechazado.

Veamos cómo funciona este síndrome en el campo de la creación. Todos aquellos que de algún modo se esmeran en crear una obra significativa sienten sobre su hombro una mirada indiscreta que censura o aprueba lo que hacen. Este espectador imaginario —aunque a veces bastante personalizado— funciona como censor implacable. No es raro que esta presencia se comporte a menudo despóticamente determinando cada paso de nuestro quehacer. Obviamente este interlocutor imaginario es producto en su mayor parte de nuestras previas inclinaciones estéticas. No se elige un espectador ideal que no sea compatible con nuestro propio temperamento. Sin embargo, aun considerando que somos nosotros mismos quienes inventamos nuestro censor, muchas veces suele escapar a nuestra conciencia el hecho de que somos nosotros los que le hemos dado vida y no él a nosotros. Esto quiere decir que este ente imaginario llega a autonomizarse imponiendo límites al despliegue de nuestra expresividad.

Mientras más público tenemos, más pinta éste por nosotros. Cuanto más amplio es el público al que me dirijo más reduzco la posibilidad de trangredirme. Hacer otra cosa que lo que la gente espera de mí es un modo de traicionarlos y traicionándolos me expongo a no ser querido. La seguridad que me proporciona el ser querido por los otros me indica que debo complacerlos de cualquier modo, aun a costa de cierta automutilación. Sin embargo, el hecho es que la mayoría de las ocasiones no estamos conscientes de estar inmolando parte de nosotros, sino por el contrario, sentimos que la estima de los demás fortalece nuestra integridad. Ser lo que el otro quiere que yo sea lo vivo más bien como autodemanda y no como rendición a la voluntad ajena.

De ahí la dificultad de dibujar un contorno preciso que dé cuenta de lo que yo soy a partir de la imagen que los demás me devuelven. Ser amado por el otro me reconstruye como sujeto "amable". Pero no alcanzo a saber si la parte que de mí estimo, es la que los otros me autorizan, con su aprobación, a estimar.

¿LA REDUNDANCIA ES EL "ESTILO"?

H. Bergson discierne lo cómico en lo humano mecanizado: lo que nos produce risa —señala— es ver actuar a seres de carne y hueso como si fueran marionetas. La repetición mecánica es una de las fuentes más explotadas de la comicidad: su modelo es el payaso de resorte —típico juguete de la infancia. En síntesis, Bergson ve en el gesto repetitivo la antítesis de la vida y, por ende, la raíz de lo cómico.

Lo que nos interesa retomar aquí de la observación de Bergson es esta cualidad de negación de lo vital que la repetición mecánica evoca. De ser cierta esta premisa, nos llevaría a calificar la reiteración compulsiva del "estilo" en el arte como algo igualmente no vital. Aquella obra sustentada en fórmulas; la que no es más que reiterada imitación de sí misma, es una obra que desde que nace está ya muerta. Si miráramos desde este lugar metafórico, contemplaríamos un paisaje infinito con montañas de cadáveres ocultando sólo unos cuantos seres vivos bajo sus escombros.

Por cada obra genuinamente reveladora se generan miles de parásitos que se alimentan de su sangre. Esto, los artistas lo deben saber: cada descubrimiento es seguido de una secuela de redundancias apenas disimuladas; como si al repetir multiplicadamente lo dicho se le pudiese añadir mayor sustancia o mérito.

Borges, en algún lugar, se confesaba asombrado ante la maravillosa prolijidad de lo real. En la naturaleza nada se repite dos veces (aunque la física pueda reducir todo a partículas indiferenciadas de energía). Cada hoja, cada brizna de hierba, es única y diferente a todas las demás. Esta lección que la naturaleza ofrece es ignorada crasamente por aquellos que buscan desesperadamente un "estilo", el estilo que, a fin de cuentas, remitiéndonos de nuevo a Bergson, representa la refutación de la vida, a saber: la inflexión robotizada de nuestros impulsos. La cancelación de lo aleatorio, de lo impredecible, de aquello que alude a lo que respira —es decir, lo más propio y rescatable— se halla al final del camino cuya meta es el estilo.

El estilo se ha convertido en una especie de fetiche; a través de él se pretende el encubrimiento de lo real. En el estilo se encarna la aspiración de cristalizar nuestra identidad de modo inconfundible, se quiere hallar una señal que simbolice universalmente lo único, lo individual, ¿cómo?: sencillamente anulando lo único e individual que poseemos: nuestro devenir siempre otros. La fórmula consiste en hipostasiar uno solo de nuestros gestos como emblema quintaesenciado de nuestra identidad.

De esta forma ingenua —congelando arbitrariamente un rasgo aislado de nuestra subjetividad— lo que se hace es negar el hecho de que no somos otra cosa que un flujo existencial. En otras palabras, al "conquistar" un estilo se deniega el cambio y en su lugar se coloca, como en un pedestal, un resto fosilizado de lo que, en un momento, fuimos. Por esa razón, cuando conquistamos un estilo, en realidad, hemos sido conquistados por él.

El arte y la utopía

Si el arte queda abolido en la utopía es porque en una sociedad no alienada no queda lugar para la mitificación. En la utopía la vivencia de lo estético no se presentaría como un espacio separado o, siquiera, privilegiado. Por el contrario, el arte estaría de tal modo integrado a nuestra vida, que nos sería imposible diferenciarlo de nuestro trabajo o de cualquier otra actividad libre.

Cuando algunos teóricos de vanguardia hoy día se empeñan en demostrar que el arte como un área exclusiva es cosa del pasado y que su función debe ser la de fundirse armónicamente con el ambiente, están, en realidad, proponiendo algo muy distinto a la "abolición" del arte en el mundo utópico.

Si en la utopía, el arte no es más un privilegio, es porque en ella todo es "privilegiado"; en cambio, en una sociedad donde la alienación no ha desaparecido, el proyecto de incorporar la estética a los objetos y su liquidación como objeto en sí mismo significativo, representa una forma solapadamente reaccionaria de desactivar un mecanismo latentemente crítico.

Por ejemplo: la pintura integrada a la arquitectura aparece como ideal vanguardista porque la vanguardia está interesada, entre otras cosas, en eliminar el status privilegiado del artista en la jerarquía de productores. En este particular sentido, la teoría vanguardista se encuentra sumida en una profunda, aunque explicable, confusión.

La confusión deriva de haber identificado al usufructuador de prebendas sociales, al artista en su status de celebridad, con su trabajo específico, a saber, la producción de arte. Pero esta confusión no es más que el producto de la estrategia burguesa de adoptar y mimar a cierto tipo de artistas —aquellos que mejor le brindan un espejo enaltecedor de sus virtudes— y elevarlos a la estima de productores dignos de integrarse al sistema.

Estas premisas no del todo confesadas, son de las que parte la crítica vanguardista para denunciar la obsolescencia del arte como actividad particularizada, es decir, solitaria.

Pues bien, el arte no son los artistas y, mucho menos, la ubicación jerárquica que éstos guardan; sin necesidad de afirmar que el arte es más que esto, podemos asegurar que sí es algo diferente. En realidad, la calidad de una obra de arte nunca ha guardado una relación directa con la distinción pública y social del artista. Tanto en los oscuros rincones del anonimato cuanto en los foros ampliamente iluminados de la celebridad, las obras de mérito se han gestado indiferentes a su destino. Y si hoy se celebra a los artistas no es porque al fin éstos hayan alcanzado el lugar que merecían, sino porque así conviene a los fines de quienes los celebran. Más aún, no es extraño que tanto críticos como público en general tiendan a exaltar a los buenos artistas a partir de algunos malentendidos, haciéndose deslumbrar por lo superficial e ignorando lo esencial: aquello peculiar y perturbador que se resiste a ser categorizado mediante estereotipados esquemas. O como lo señala Georges Devereux: "Cada vez que una verdad nueva e importante se transforma en dogma, o bien en lugar común, se puede tener la certeza de que fue sometida a un proceso de esterilización y de degradación en la mente de quienes pretenden aceptarla pero inconscientemente la rechazan con todas sus fuerzas".

Van Gogh víctima del impresionismo

Tomemos el paradigmático caso de Vincent van Gogh como muestra de nuestra tesis. El genial pintor holandés fue un ser solitario que eligió la pintura para canalizar una vocación de piadosa entrega que el mundo le impidió ejercer fuera del arte. Por un lado, su sincera inclinación humanista —que lo llevó a ser suyo el fatal destino de los mineros del Borinage— y su locura, por el otro, son las dos caras de una misma moneda. Su fracasado intento de mejorar el mundo, de aminorar su dolor, buscaría refugio en un espacio imaginario —rasgo esencial del arte. La contemplación de este horror concreto del sufrimiento en la tierra —horror sin remedio en el que se han confabulado tanto verdugos como víctimas— lanza a Van Gogh a la búsqueda alucinada de una arcadia perfecta. Este paraíso, más parecido a un infierno en su caso, es la pintura. A través del arte, Van Gogh quiere operar el tránsito de lo real-imposible a lo irreal-posible. Con el pincel cree poder crear un mundo en el que la imagen de lo posible reemplace nuestra carencia de redención.

Pero la tragedia de Van Gogh no termina al llegar a la pintura: sólo cambia de signo. Van Gogh tuvo que haber tomado conciencia, a pesar de su locura, o quizás, por sufrirla, de que esta empresa de lo imaginario con la que él intentaba colmar su infelicidad, no era más que una estratagema falsa. Si nunca pudo servirse del pintar como cura de su insania es porque, en realidad, a diferencia de la inmensa mayoría, él no era un ser alienado: su locura era el reverso de la alienación.

En Van Gogh el mundo está en su carne, es su carne. Y lo que pasa afuera le acontece a él y no sólo a los otros. Por eso, cuando pinta no lo hace con el cerebro, sino con todo su cuerpo. La violencia apasionada de su pincelada conmueve, no por su "maestría", sino por su falta de control, que es exactamente lo contrario de lo que se entiende por maestría, o sea, autodominio.

Sin embargo, lo trágico en Van Gogh es que finalmente acaba extraviándose en una realidad que detesta y que lo repele. Su locura no fue tan radical como para permitirle evadir las trampas que la historia le tendió: acabó finalmente rindiéndose a sus normas de belleza y sometió su temperamento taciturno al universo alegre despreocupado y optimista del impresionismo.

Van Gogh merecía haber ido, por su temperamento y genialidad, tanto como por su sensibilidad humanista, mucho más a fondo de lo que llegó, pero le vendió su alma al Mefistófeles del impresionismo. El color deslumbrante, la extasiada luminosidad del impresionismo lo afectó nefastamente.

Permítaseme explicar: el impresionismo es la escuela pictórica más condescendiente y decorativista de la historia. No es casual que el mercado actual del arte haya sobrevaluado en las subastas públicas la pintura impresionista, tasándola más allá de toda escala. La explicación no es difícil. En el impresionismo se encuentra fielmente retratada la ambición más característica de la conciencia burguesa: vaciar de significado a los objetos y dejarles mostrar únicamente su inocua y superficial belleza.

Otro rasgo más es el positivismo que la permea. Como ninguna otra escuela antes de ésta, el impresionismo se presenta a sí mismo como la más científica y, por tanto, más fiel, representación de la naturaleza. En la naturaleza, el color y las formas no son sino efectos de la luz, y esto es lo que hay que pintar. La luz —a fin de cuentas— es el símbolo prístino de la verdad, su metáfora predilecta y su precondición.

Lo más significativo, empero, es que a partir del impresionismo el cuadro cobra una fuerza inusitada como objeto que sólo al ser integrado a un ambiente puede serle arran-

cada su potencialidad. Claro, no otra potencialidad que
este ser decorativo de la pintura. Y es verdaderamente
conmovedor observar de qué modo tan lastimoso el propio
Van Gogh se alienaría en esta concepción cuando, para
apreciar su propia pintura, la coloca —según él mismo
cuenta en una carta a Theo— "en un salón bastante lujoso
(tapicería gris, muebles negro y oro...)" y entonces descubre
que jamás "ha tenido tan firme convicción de que llegaría a
hacer grandes cosas..."

El virus del conformismo burgués atacó a Van Gogh
igual que a cualquier otro mortal, con la diferencia de que,
aun así, no logró ahogar su apasionada entrega corporal.
Entrega que lo puso a salvo de perderse en la banalidad
impresionista.

Es evidente que Van Gogh no necesitaba el colorido impresionista para ser uno de los más grandes pintores de la
historia; basta con contemplar una reproducción en blanco
y negro de una de sus pinturas para descubrir que no
merma un ápice su expresividad. El fortuito encuentro histórico con el impresionismo le dió a Van Gogh la oportuni-
dad de trascender de un modo más "público" de lo que lo
hubiera hecho de haberse quedado con los sombríos colores de los "Comedores de patatas", pero, al mismo tiempo,
limitó su universalidad. Al ceder Van Gogh a la tentación
de belleza enaltecedora de la vida, de la cual el impresionismo es un perfecto simulacro, dejó en su camino las
enormes potencialidades de una atmósfera colorística, som-
bría comparada con la del impresionismo, pero incompara-
blemente más afín a su esencial temperamento humano.
Una lectura detenida de la pintura de Van Gogh produce
una sensación de contradicción no resuelta: por un lado,
cuando se recorre con la mirada el sinuoso trayecto del
dibujo, de la espasmódica pincelada, se siente uno arrastra-
do en un vertiginoso humor apasionado y lleno de violenta
simpatía por los seres y las cosas cuyas imágenes aparecen
transfiguradas y sumidas en una especie de agitación des-
ordenada; sin embargo, cuando, en lugar de mirar hacia

esta zona densa, nos abandonamos al gozo despreocupado de la superficie coloreada, inundada de luz, sentimos estar en otro universo, en otro espacio de la realidad, en un oasis confortable y plácido donde fluye un optimismo sedante.

Van Gogh fue un espíritu profundamente religioso en el mejor sentido de la palabra. Su fe no se atenía a la ritualización hueca de la bondad sino, más que nada, era expresable en términos de su propia locura. La locura de Van Gogh expresaba el síntoma inequívoco de su inconformidad ética y su "alienación" no era más que una conciencia a flor de piel de la obscenidad de la vida.

Sin embargo, Van Gogh intentó reconciliarse con el mundo y un síntoma de ello fue su elección del color impresionista: pensó que así conquistaría el amor de los hombres hacia su alma. Aunque tardíamente, lo logró: sus pinturas son ahora inmensamente codiciadas.

Empero, si queremos ser justos, Van Gogh recibió de la escuela impresionista la confirmación de quizás la más grande de sus virtudes como pintor: la pincelada explícita. Van Gogh no era ajeno a este rasgo primordial de la expresividad; ya lo había detectado como lo más propio del genio pictórico. Su confesada admiración por Rembrandt parte de la observación lúcida de que la emoción de una pintura está en su "inacabado", en este poner la pincelada "lado a lado, sin fundirla".

Van Gogh llevó hasta sus límites este nivel privilegiado de la expresividad subjetiva. Lo que vemos en su pintura, no es tanto un talento genial que concibe, sino un cuerpo que se contorsiona al ritmo de una pasión desenfrenada. Su gestualidad desaforada expresa la autonomía vital de un cuerpo que ha tomado conciencia de su soberanía y no está dispuesto a someterse servilmente a la Idea.

En síntesis, Van Gogh es uno de los artistas que más han hecho para que entendamos el arte como una actividad en la que se encuentra comprometida más que nuestra alma, nuestro cuerpo entero. Su final trágico fue el resultado lógico de su fracaso en avenirse a las leyes del mundo, ni aun utilizando como salvoconducto el colorido fascinador del impresionismo. Debió darse cuenta en el fondo, que aun obedeciendo las reglas del juego, quedaba una parte ineluctablemente indomable de su ser que seguiría siendo rechazada. Y que por tanto, se encontraba en un callejón sin salida del que ni la locura podía permitirle escapar sino la muerte.

Si ahora se le hacen honores no es tanto por su mejor sino por su peor parte. Los coleccionistas y aficionados abren sus ojos a su colorido brillante porque cierran sus conciencias a su desgarradora subjetividad. Los Monet, Renoir, Pissarro, Degas y compañía son los comparsas que le abren el paso. Éstos, que cumplieron, aun quizás a su pesar, el papel de *clowns* de la burguesía, le facilitaron el acceso a alguien completamente distinto a ellos, pero que se dispuso, en parte, a jugar el juego de la condescendencia. Tan bien lo hizo, que a veces se piensa que fue él el paradigma de sus conquistas, cuando, en realidad, Van Gogh fue otra cosa: una especie de amotinado sedicioso que tiene más que ver con la historia secreta de la subjetividad del hombre que con esos templos de la banalidad que son los museos; lugares en donde las obras se ordenan obedeciendo siempre a un discurso apologético con en el que se les suele despojar de sus intrínsecas cualidades explosivas.

POR UN ARTE DES-INTEGRADO

Este largo rodeo nos permite enfrentar de otro modo la cuestión que se planteaba en un principio: el ideal de un arte integrado —ya sea al habitat, a los objetos cotidianos o de cualquier forma— es un ideal que intenta poner en crisis la imagen excepcional del artista como sede privilegiada de prestigio social. Aunque lo cierto es que la función del artista no queda descartada del proyecto vanguardista como un trabajador más; lo que sin duda queda anulada es su función crítica.

Aceptar la integración del arte al discurso ordenado y planificado del ambiente, discurso en el que participan urbanistas, arquitectos, decoradores y demás, es rescatarlo en una sola dimensión: en su carácter ornamental. Es cierto que, de algún modo, segregar el arte del sistema de objetos como una excepción privilegiada, es afirmar hacia afuera la excepción privilegiada del artista; decir que una pintura es algo más significativo que un jarrón o una planta, es manifestar que el ceramista o el jardinero son obreros inferiores al artista. Un espíritu democrático concluye, pues, que para que desaparezcan las jerarquías entre los hombres hay que hacerlas desaparecer, primero, en los objetos.

Recaemos así, de nuevo, en la razón por la cual cierta vanguardia pugna por indiferenciar al arte del ambiente. A pesar de su buena fe, estos teóricos no dejan de pecar de confusión. El prestigio que recibe en nuestros días el artista no es algo que él haya reclamado porque le fuera indispensable para crear libremente. El artista sólo busca, en realidad, sobrevivir para seguir creando; y para sobrevivir le es necesario el reconocimiento de que su actividad es una actividad productiva y que, por tanto, merece ser gratificada. Luego entonces, lo que necesita es simplemente cumplir con los requisitos que demanda la sociedad para ser reconocido como fuente productiva.

En un mercado abierto, regido por la oferta y no por la demanda, el artista ofrece sus productos al mejor postor. Como la demanda es limitada y la oferta ilimitada debe aparecer una competencia feroz por hacerse del mercado. Esta competencia no puede consistir, por el carácter específico y original de la obra de arte, en un abaratamiento del producto. Como no se trata de una mercancía intercambiable, la competencia se desarrolla en el espacio de la promoción del nombre, de la firma. En la medida en que no es fácil probar objetivamente que esta obra es mejor que aquélla, lo que se hace es lanzarse a la empresa publicitaria de demostrar que este artista es mejor que los otros. Una vez lograda esta imagen, el producto adquiere un coeficiente de valor y puede ser distribuido en el mercado con mayor ventaja frente a los otros productores.

El corolario de este proceso sumariamente descrito, es que al artista no le es esencialmente indispensable la promoción, son las reglas del juego impuestas por la sociedad las que lo obligan a buscarla.

Sin embargo, el hecho es que los mismos artistas no han comprendido este proceso y, por tanto, viven su relación con el arte como un problema de éxito. Han internalizado el esquema de tal modo, que el único índice acerca del valor de lo que hacen es el modo cuantitativo en que su obra puede circular: a mayor mercado, aumenta proporcionalmente el aprecio y la valoración de un artista y, por ende, su autorrespeto.

Es este mismo esquema alienado el que la vanguardia quiere superar pero sin haberlo comprendido. Al rechazar el status privilegiado del artista, es cierto, acaban con la rabia, pero también con el enfermo.

Si no hay solución pronta para volver transparente esta patología que aqueja a la relación del artista con la sociedad, no por eso se vuelve necesario aplicar remedios radicales. Por supuesto que lo que la vanguardia dice, no tiene necesariamente que consumarse a pesar de que en sus bocas suene más a "ley objetiva" que a proyecto planificado. Sin embargo, quienes piensan e intentan hacer desaparecer la obra singular refractaria a ser incorporada dócilmente al discurso ambiental, están trabajando en favor de la disolución de un objeto que, aunque sea eventualmente, puede dar testimonio de las grietas de un sistema casi omnipotenciado por el consenso o, quizás, por la indiferencia.

Un cuadro que no encaja en la pared de una casa o en el muro de un museo es una pequeña piedra que puede trabar nuestra tendencia a la inercia. Cancelar esta casi insignificante traba es abrir las puertas de par en par a las fuerzas que, al reinvidicar la homogeneidad del sistema, aplastarán a su paso aquello que, de algún modo, podría apresurar su regeneración.

LA IRONÍA

Toda la pasión que se supone que expresa un gesto cargado de subjetividad requiere un contrapeso que le evite caer en un mero espectáculo. Todo gesto desmesurado —rasgo característico de un impulso de emancipación corporal— corre el peligro de convertirse en grotesco: la liberación del cuerpo puede conducir a excesos que rayen en la caricatura; por eso, no sólo es necesario un mínimo de control, de orden, sino también es conveniente un alejamiento intelectual que nos permita tomar distancia de nuestras pasiones: "Amo la regla que corrige la emoción", decía Braque.

Para evitar la caída en una pomposa solemnidad es necesario interponer entre los objetos y nuestra mirada una lente irónica.

La acumulación de gestos apasionados produce un espectáculo dramático: liberar nuestras emociones a través del movimiento "incontrolado" de nuestro cuerpo sin oponer un contraste de ligereza, vuelve insoportablemente densa su expresividad. Y no es porque se esté en contra de la densidad que se recomienda la administración mesurada del gesto, sino porque se teme que, al mostrarse el cuerpo demasiado arrebatado por la emoción se decline en lo sublime en el peor sentido del término.

Frente al virus de lo sublime el mejor antídoto es la ironía. La ironía tiende a moderar nuestra estulticia; gracias a ella podemos atajar los excesos ridículos de nuestras pasiones e imponerles un límite decoroso. Odiar y amar son enfermedades que nos conducen a comportarnos estúpidamente y sus efectos pueden ser atenuados sólo mediante la ironía. Si el hombre no es la medida de todas las cosas, la ironía sí es la medida de todos los hombres o, cuando menos, de su sensatez.

Situar las cosas en sus justas dimensiones no es posible si no es a través del distanciamiento que proporciona la ironía; ésta ajusta la proporción de cada objeto en su relación con lo eterno.

La ironía arremete contra lo absoluto y lo vuelve relativo; ataca lo trascendente y lo vuelve inmanente, tanto como es capaz de transformar a lo inmanente en trascendente; anula el centro multiplicándolo, torna a lo superficial profundo y a lo profundo lo hace superficial; en fin, la ironía es una varita mágica que puede metamorfosear lo sublime en ridículo y a lo ridículo en sublime.

La ironía es un juego y, como todo juego, tiene una parte seria: las reglas. Un juego sin reglas es impracticable. La ironía juega con la seriedad de las cosas pero, a diferencia de la broma —que es ficción y artificio efímero— la regla fundamental de la ironía es partir siempre de la verdad; es ella misma una forma de verdad. La broma deja las cosas en su lugar; la ironía las pone de lado, las voltea boca abajo y boca arriba. Un objeto que ha sido ironizado no podrá recobrar su inocencia ni volver a ser el mismo. Metafóricamente hablando, la ironía es como un ventarrón que ha levantado momentáneamente la falda de una mujer y nos ha permitido tener una visión indiscreta; aunque la tela regrese a su lugar existe ya un secreto atisbado que se ha vuelto irreversible. El rubor de esta mujer sorprendida en su intimidad es igual al que ataca a todo objeto momentos después que la ironía ha develado su secreto.

Con la ironía se desenmascaran brutalmente las convenciones; a través de ella aflora lo artificial de la ley, su esencia caprichosa.

Mostrar el lado irónico de un objeto o de una situación es desmitificar y relativizar su convencional apariencia. Al ironizar se revela el truco mediante el cual el objeto logró un consenso, una definición públicamente compartida. La ironía busca establecer un nuevo nivel de comprensión de las cosas: trata de extraer de ellas un rasgo no necesariamente esencial, sino potencialmente adjudicable. La ironía no descubre tanto al objeto, cuanto que, a menudo, lo reinventa. Mostrando el aspecto irónico embestimos contra la compostura del objeto, denunciamos su apariencia protocolaria, hacemos evidente la estratagema ceremoniosa con la que nos tenía impresionados.

Al proyectar en el objeto una mirada irreverente lo sacudimos de su pasividad; éste empieza a interpelarnos con otra voz. De pronto, ha adquirido un tono irónico él también, un sentido del humor que no le sospechábamos. En realidad no se trata tanto de reírnos de los objetos como de hacerlos reír con nosotros.

Un buen ejemplo de fina ironía se muestra cuando al poner de cabeza un objeto, situación o lugar común, éstos aparecen ante nosotros, paradójicamente como si, por vez primera se hubieran puesto de pie. De ahí que en ese momento aparezca un sentimiento compartido de redescubrimiento, de reencuentro con lo "verdadero".

Lo que hace la ironía con el objeto es despojarlo de su máscara oficial pero no por eso el objeto se resiste; por el contrario, parece disfrutar tanto como nosotros con su nueva apariencia y nos suele hacer guiños cómplices.

Pero lo cierto es que existen cosas que no se prestan cordialmente a ser ironizadas porque temen dejar de ser reverenciadas; la moral y la religión son algunas de ellas. Y sin embargo, nada hay más proclive a la ironía que lo que se resiste a ella; mientras más insiste en parecer seria, más cómica se vuelve una cosa.

Más que a cualquier otra, el poder es sensible a la crítica irónica o mordaz, es decir, a aquélla que se niega a aceptar la seriedad —y con ello la legalidad— de sus argumentos.

El poder es, generalmente, solemne. El humor que todo lo corroe no hace excepción con el poder, tiende a relativizar todo orden. Hay algo inherentemente cómico en el poder, así como hay algo inherentemente subversivo en la comicidad. Lo solemne frente a la ironía se transforma en grotesco. De ahí que los poderosos antagonicen menos con aquellos adversarios que los critican sin dejar de respetar las reglas del juego, que con los "aguafiestas", o sea, aquellos otros que utilizan el humor: un arma para la que ellos no poseen un antídoto racional.

El poder no puede responder al humor con el humor porque con tal actitud se estrangularía a sí mismo. El poder es atildado por naturaleza. Su rostro es una máscara de tiesos gestos y rasgos congelados. La impenetrabilidad le es esencial: hacer un gesto de emoción es arriesgarse a ser penetrado. Cuanto más inescrutable es un poder tanto más se le suele respetar. El respeto absoluto se otorga únicamente al poder absoluto, a Dios. Y, como se sabe, Dios no ríe.

Nadie que no sepa reírse de sí mismo puede experimentar los enormes beneficios de la ironía. Más que como un arma de ataque la ironía nace de una disposición autocrítica. Reírse de los demás tiene sentido siempre y cuando se sepa que uno es también los demás. Más aún, reírse de sí mismo es mejor estratagema crítica que reírse abiertamente de los otros, porque los dardos que nos dirigimos suelen rebotar en el blanco original y atacar a quienes se encuentran desprevenidos contemplando el espectáculo de lo que pretende ser sólo una autoagresión.

El que únicamente sabe reírse de los demás acaba imperceptiblemente siendo él la víctima de su propia burla. Y si reírse de sí mismo conduce a la ligereza de espíritu, aquel que sólo ríe de los demás termina —si es que no había empezado— en la plena amargura, que es en sí misma la antítesis de la ironía.

El arte y la ironía

No se puede ser un buen artista si antes no se pierde el respeto al arte con mayúsculas. ¿Cómo podemos transgredir las reglas si partimos de una veneración reverente a la ley, a la tradición? Debemos, pues, establecer una confianzuda relación con la historia del arte —nada de monstruos sagrados— así como con los materiales, el código formal y el contenido anecdótico. Sólo así se puede aportar un mínimo de originalidad.

Hay quienes se liberan de la solemnidad cuando abordan los temas de su pintura, juegan libremente con los personajes, objetos y situaciones produciendo felices alumbramientos de significados que se hallan ocultos por las convenciones. Sin embargo, eso no basta: nuestra actitud irónica reservada únicamente a la anécdota produce efectos limitados. Para que la ironía en verdad funcione, es necesario acompañar la irreverencia temática con su correlato formal y material. Hay que aprender a reírse de y con los materiales, de y con el código formal. Tenemos que mostrar que sus usos anteriores han sido sólo una serie de convenciones, que las obras de arte no han representado un espejo fiel y necesario del mundo externo, que son los artistas individualmente quienes han creado estos usos y que son ellos también quienes los pueden modificar. Por tanto, hay que crear nuevos usos que a su vez deberán, con el tiempo, ser transgredidos, es decir, ironizados.

La ironía no es, pues, únicamente un contenido que el arte se encarga de vehicular. El arte mismo debe ser ironizado para que pueda cumplir una de sus funciones básicas: la crítica. Además, volver al arte un campo de ejercicio irónico es rescatar otra de sus máximas virtudes: su carácter de diversión, de aventura, de actividad lúdica.

Pero, para muchos espíritus atildados el arte es el lugar por excelencia de lo solemne y por consiguiente sus preferencias estéticas son rígidas, pomposas y ortodoxamente apegadas a la tradición (una "tradición" que, de paso, suele ser frecuentemente la que dicta un mercado de firmas prestigiosas). Como asumen adustamente estos seres que el arte es la quintaesencia del espíritu (igualmente a menudo no otra cosa que el espíritu económico), no toleran que se asome la ironía pues consideran que la risa no es algo serio, cuando en realidad es lo único verdaderamente digno de tomarse en serio.

Existen varios índices para definir la muerte clínica: el momento del tránsito de la vida a la muerte. Ninguno, empero, es más claro que el de la desaparición de la capacidad de reír: quien ha dejado de reír no puede encontrarse muy lejos de la muerte. La risa circula en nuestro organismo como un flujo vital y una vez que se detiene queda paralizado nuestro apetito por la vida.

Sólo la risa nos puede reconciliar con el eventual drama de nuestras vidas. Pero para reír es necesario poner bajo la perpectiva de lo infinito la ridícula finitud de nuestras cuitas. Bajo esta luz, aun la muerte puede aparecer quizás menos lúgubre y trágica. Lo cierto es que nadie que aún ría puede jamás causar lástima.

Por lo demás, saber reír es ya en sí una forma depurada de arte. Poder ver en las cosas su lado cómico es dar a nuestra mirada un sentido creativo. Crear no es solamente poblar de imágenes una superficie determinada sino, sobre todo, es la capacidad de dotar imaginativamente a los objetos de penetrantes e insólitas posibilidades de lectura, y entre éstas, la lectura irónica puede ser una de las más sugestivas y reveladoras.

La función del arte es transfigurar inéditamente los objetos familiares iluminándolos con una luz nueva e ingeniosa. Mediante la parodia, por ejemplo, lo familiar se nos puede súbitamente volver extraño y lo extraño, familiar; pueden aparecer otros rasgos en los objetos que jamás entrevimos. La sátira de lo cotidiano es una expresión fundamentalmente estética; por eso no se requiere haber estado en ninguna academia de arte para ser un artista consumado. Abundan ejemplos a nuestro alrededor de seres dotados para la sátira que no ostentan el título de artistas, pero que lo son en mayor grado que miles de mediocres que escriben novelas o exhiben su obra en galerías y museos.

Pero a la ironía no se llega sino a través de la maduración de nuestro desencanto del mundo. En consecuencia, son escasos los espíritus jóvenes que recurren a la ironía. Por el contrario, son los jóvenes y quienes permanecen en ese estadio de ingenua inocencia los más proclives a hacer de la vida un teatro solemne saturado de ritos y ceremonias (la común rebeldía juvenil es una modalidad más de lo solemne: el joven suele asumir con excesiva seriedad su desacato e indignación).

LOS MODALES DE URBANIDAD EN EL ARTE

No se crea que los modales de urbanidad se ejercen sólo en el espacio de las convenciones sociales, existen abundantes ejemplos en el terreno artístico. Infinidad de obras se generan con el afán de congraciarse amigablemente con el público. Se puede decir que para el sentido común el arte es sinónimo de atención obsequiosa; es difícil imaginar una expresión agresiva o mordaz y que al mismo tiempo fuera arte. Porque, a fin de cuentas, el arte se concibe como refugio de los sinsabores que proporciona la vida y, por tanto, como consolación placentera.

Existe, pues, una connivencia, un acuerdo tácito entre público y artista mediante el cual el último se compromete a halagar al primero y éste a pagar por ello. Este esquema simple pauta la conducta condescendiente de la mayor parte de los artistas. Y no está mal, en principio, que el artista al crear piense en el público, siempre y cuando reconozca que darle al público lo que quiere no es lo mismo que darle lo que necesita.

El público generalmente quiere más de lo mismo, en cada nueva obra desea hallar un eco del placer anterior; espera que la apariencia cambie pero que la esencia quede igual. El hecho es que se encuentra enamorado de su propio gusto. Si, por ejemplo, le gustan los paisajes, quiere más paisajes... pero diferentes. Lo que no sabe es que su gusto se ha congelado en un estereotipo y que su disfrute se ha igualmente estereotipado, que en realidad se ha insensibilizado aun para aquello que antes era sensible. Sus deseos presentes no son más que reverberaciones de un deseo primitivo que ha sido sepultado bajo una montaña de reiteraciones: ¿pedías un pastel? Te daremos cien; es así, empachando al deseo, como responde un escaso sentido común.

Querer y necesitar son dos impulsos opuestos. Un hombre se encuentra ansioso y sale a la calle a comprar corbatas para tranquilizarse, pero, aunque quiere las corbatas no las necesita (las corbatas son el cebo con el cual el querer pretende sobornar a la necesidad). La mayor parte de nuestro querer es de este tipo: un deseo vago, incierto, no localizado elige el primer objeto que encuentra a su paso. Corrijo, en realidad no se elige cualquier objeto sino uno específico, uno que alguna vez, en un pasado remoto jugó un papel gratificante. Al redundar en el consumo de este objeto particular lo que hacemos es reclamarle insistentemente un sentido que no puede ser obtenido porque no se encuentra ahí, sino en otra parte. Se trata de un signo agujerado a través del cual nuestros deseos se escurren y por más objetos que acumulemos la carencia persiste intocada.

Éste es el síndrome que subyace en la eficacia de la cultura *kitsch*. La saturación de clichés —de fórmulas cuya eficacia ha sido probada una y mil veces— produce en el público vulgar un simulacro de experiencia estética. El éxito del *kitsch* no hace sino corroborar que es más fácil abordar nuestro querer que nuestra necesidad: los quereres pueden satifacerse; las necesidades sólo pueden distraerse.

El *kitsch* ni siquiera intenta distraer nuestra necesidad. La ventaja del querer es que éste sabe siempre lo que quiere; en cambio, la necesidad no sabe nunca lo que necesita. El querer encuentra casi sin buscar; la necesidad busca casi sin encontrar.

El buen arte responde siempre a una latente necesidad, pero es dudoso que la satisfaga. A lo sumo, podemos intuir que en esta obra hay algo que alude a esa necesidad, empero, nunca podemos estar seguros de cuál sea. Y es esta reticencia la razón que puede hacer que esta obra nos retenga.

En el *kitsch* encontramos exactamente lo contrario: satisface a nuestro querer porque no roza nuestra necesidad. El arte *kitsch* cumple lo que ofrece: no regatea; tiene metas concretas y simples y las alcanza sin perderse en rodeos inútiles. El público del *kitsch* (piénsese en las telenovelas) no se desilusiona jamás porque se da cuenta que no se le hace trampa, no se le propone una cosa y se le da otra. En el *kitsch*, en realidad, no hay engaño, sólo cínica complicidad. La necesidad es otra cosa. Una necesidad no se puede satifacer nunca, a lo sumo, se desplaza, se posterga. Pero media una gran diferencia entre hacer de menos una necesidad y perseguirla sin alcanzarla. Escudriñar la necesidad es una forma de aproximarse a ella. La necesidad, aunque escurridiza, nos demanda que nos interroguemos acerca de ella, si no, cuando es desdeñada sabe tomar revancha, nos desorienta pérfidamente con multitud de falsas pistas y nos hace perder nuestra vida tanteando en las cosas un significado que siempre se nos escapa.

Cuando, de algún modo, rozamos la necesidad, algo se transforma. Nuestro errar no se detiene, pero cambia de signo, en lugar de buscar en los objetos infructuosamente lo que nos falta, empezamos a poner en los objetos lo que a éstos les falta: sentido, un sentido equívoco, volátil, es cierto, pero al fin, sentido. Ésta es la ventaja: la equivocidad. Siendo la necesidad ambigua por naturaleza, puede hallar en cualquier parte una razón que la seduzca, que la entretenga. En cambio, el querer es concreto, desea siempre algo específico porque se alimenta del mito de que son los objetos los que poseen un significado y no nosotros los que se lo adjudicamos.

Hablamos, por supuesto, de una necesidad que no es apetito biológico sino invención antropológica. A diferencia del hambre, que no posee equivocidad alguna, las necesidades culturales e históricas son maleables. En el corazón mismo de estas necesidades —no definidas nunca del todo— es donde se encuentra la clave de nuestra eterna búsqueda de sentido. Las mejores obras de arte aluden a esta parte sin jamás descubrirla porque, en el fondo, ésta no existe, es sólo una trama ilusoria que los hombres se han inventado con la intención de hacer de su destino algo menos fatal, menos frustrante, menos absurdo.

Pero aun así, es muy diferente hurgar en lo profundo de nuestras necesidades sin localizar nunca del todo las razones de nuestro malestar, que intentar paliar nuestra angustia ubicándola en la esfera voluble de nuestros caprichos e intentando hallar el equilibrio satisfaciéndolos indiscriminadamente. Optando por lo primero, experimentaremos la felicidad tanto como la frustración con intensidad plena y con los poros de nuestra piel abiertos. Elegir lo segundo implica narcotizar nuestros sentidos e insensibilizarnos, no sólo respecto al arte, sino, sobre todo, en relación a los infinitos matices que las más modestas e insignificantes cosas y situaciones son capaces de ofrecer, lo cual, siendo francos, para la mayoría no representa una pérdida lamentable.

La verdad como transformación interna

Descubrir la "verdad" de un objeto es descubrir la verdad de ese objeto en mí mismo así como una parte de mí mismo en el objeto. Cada uno de nosotros recoge en las cosas lo que nos permite ser lo que somos, pero también lo que vemos en las cosas depende de lo que somos. Cuando conocemos a alguien o algo no sólo añadimos un nuevo saber sobre el mundo sino, sobre todo, descubrimos una parte desconocida de nosotros mismos. Cada nueva relación nos recrea y pone al descubierto parte de los que somos para bien y para mal. De hecho, amamos a quien nos permite ser del modo en que más nos gustamos, y odiamos a aquel que hace emerger, de lo que somos, la peor parte, aquella que preferiríamos se mantuviera en las sombras.

¿Qué tiene que ver esto con el arte? Para capturar profundamente una cosa necesitamos estar atentos no sólo a su apariencia sino, sobre todo, al modo en que ésta nos afecta. En nuestra conciencia se encuentran medios limitados con los que tenemos que reproducir la cosa que se encuentra frente a nuestros ojos. La limitación de medios no es necesariamente una desventaja; por el contrario, un artista aprende a sintetizar las cosas a partir de las particulares herramientas que posee. Por eso es que es esencial saber que el mundo no puede ser nunca reproducido sino sólo interpretado. No hay nada que pueda ser captado en su totalidad concreta. Lo único posible es atrapar una "identidad" abstracta de la cosa. Pero esta abstracta identidad no está intrínsecamente en las cosas, sino en nuestra mirada. Sólo el ojo es capaz de transformar el accidente de la apariencia en sentido.

En cierto modo, el sentido de las cosas deriva de su traducción al código que gobierna nuestro repertorio entero de experiencias. La diferencia entre una "buena" aproximación a las cosas y una "deficiente" estriba en que la primera pone en juego no sólo nuestras facultades perceptivas sino también nuestras capacidades introspectivas.

Pero la percepción misma se construye, la mayoría de las veces, con retazos de memoria reordenados esquemáticamente. Común es reconocer en los objetos las semejanzas antes que las diferencias. Las semejanzas nos permiten clasificar los objetos mientras que las diferencias obligan a introducir nuevas categorizaciones. Es obvio que es más cómodo clasificar en los viejos anaqueles que abrir nuevos expedientes. De ahí que el ojo perezoso se abandone y trate de reposar en los rasgos reconocibles antes que aventurarse en lo inédito.

Se trata pues, de un doble riesgo. Cuando escudriñamos el aspecto menos familiar de los objetos no sólo nos sentimos inseguros de lo que sabíamos del mundo, no sólo nuestro conocimiento de la realidad externa se pone en crisis, sino también se pone en jaque nuestra propia dimensión ontológica. Si, como dijimos, todo esclarecimiento del mundo tiene su contraparte en una descolonización de territorios internos, cada paso dado hacia afuera de nosotros es una incisión hacia adentro: a cada vuelta de tornillo de nuestra experiencia del mundo corresponde una vuelta de tuerca en nuestro espíritu. Finalmente nos constituiremos con lo que nuestra mirada sea capaz de colectar en su exploración de la realidad. En pocas palabras, seremos lo que veamos tanto como veremos lo que seamos.

Cuando elevamos la vista estamos cavando hondo; cuanto más lejos vemos, más cerca estamos. La verdad no es lo que está ahí oculto. La verdad es lo que estaría ahí donde actualmente no hay nada.

SEGUNDA PARTE

ARTE Y MONEDA

Originalmente, las monedas que circulaban para facilitar el intercambio de mercancías poseían un valor propio, independiente al de la inscripción grabada en ellas. El metal precioso o sustancia con que estaban hechas, contenía un valor intrínseco y su acuñamiento implicaba, más que nada, una forma ordenada y mensurable de la proporción de oro que poseían. Así, la inscripción podría eventualmente desgastarse y desaparecer sin mermar su valor.

Con el tiempo se fue disminuyendo el valor intrínseco de la moneda mediante la aleación con otros metales no preciosos, aumentando sus propiedades fiduciarias. En efecto, los gobiernos que emitían la moneda garantizaban su valor de intercambio y guardaban, mientras, una reserva en oro que garantizara el valor de la moneda circulante que, muy a menudo, no correspondía a la magnitud en circulación.

La relación entre la sustancia de la moneda y su valor de cambio equivalente se fue volviendo cada vez más abstracta hasta llegar al papel moneda, en el cual sólo queda su garantía fiduciaria. Este proceso no se dio de manera fluida y sin conflictos. La gente se resistía a confiar en una moneda convertida en mero signo de su valor (recordemos que un signo es "algo en el lugar de algo"). En nuestros días es comúnmente aceptada esta relación, sin embargo, en épocas de crisis, el papel moneda se convierte nuevamente en un signo precario y la gente recurre a su conversión en moneda "dura", como el oro.

Se puede decir que, en el campo del arte, la pintura ha vivido un proceso similar. En un tiempo una obra era apreciada independientemente de quién fuera su creador. No existía una central fiduciaria que respaldara el valor de las obras. Para que el público empezase a aceptar el valor de una obra por su mera inscripción (firma), era necesario que se creara un equivalente de garantía fiduciaria como se dio en el terreno monetario. Esta garantía surge, junto a otras instancias, con la consolidación del museo como aval de los valores estéticos, y en particular de ciertas obras y nombres. Los museos son, pues, la institución fiduciaria central que certifica el valor estético tanto como económico de determinadas obras.

El hecho es que, al valorizar un conjunto seleccionado de firmas, los museos desencadenaron la posibilidad de valoración de toda obra, puesto que, eventualmente, podría ingresar en un museo y de ese modo consagrar su valor potencial. Así, es el arte en general el que adquiere características fiduciarias y no sólo las obras que habitan en los museos.

El arte moderno de vanguardia no es el resultado únicamente de estas determinaciones, pero tampoco es absolutamente ajeno a ellas. En la medida en que el público es incapaz ya de distinguir por él mismo las cualidades y virtudes del arte de vanguardia, tiene que recurrir a una referencia indirecta: los críticos y los museos quienes le indicarán en qué dirección debe mirar para descubrir los méritos.

Vemos que, tanto en la moneda como en el arte, se ha culminado en la disolución total del valor sensible. Curiosamente, el dinero "electrónico", el que se maneja en la actualidad a través de los bancos automáticos y computarizados, posee también su equivalente en el arte conceptual. Tanto en un caso como en el otro se ha perdido el rastro de su origen material y autosuficiente. Si se puede comprar y pagar cualquier mercancía sin usar dinero físico —basta con firmar al comprar y pagar girando sólo una orden— lo mismo sucede con el arte en casos extremos como en ciertas "exposiciones" conceptuales que consisten únicamente en su reseña en una revista.

No tiene que recurrirse a casos extremos: casi toda pintura en la actualidad va precedida de un valor añadido de carácter fiduciario. Una obra no se exhibe o vende sin que su autor se anteponga. Los catálogos, las presentaciones, los *curricula* son la referencia "crediticia" que antecede a la presentación de una obra. Una pintura se valora por lo que su autor ha acumulado en signos de prestigio (es decir, en signos de otros signos). Un pintor que no alcanza el reconocimiento de críticos y museos es como un banco en quiebra: el valor de sus obras se esfuma, se vuelve una nada.

TODO CONSUMO DE OBJETOS ES CONSUMO DE SIGNIFICADOS

Las instituciones artísticas (museos, críticos, historiadores, etc.) no sólo facilitan el valorizar económica y estéticamente las obras de arte, sino, sobre todo, consolidan su función de símbolos de prestigio. Al supervalorizar ciertas obras, ciertas escuelas, ciertas firmas, los museos otorgan a éstas un aura que se irradia sobre coleccionistas y aficionados. Los que poseen o aprecian las obras consagradas por las instituciones artísticas, adquieren, por ósmosis, el prestigio que de ellas emana. Así, quienes veneran ciertas obras de arte, encuentran su recompensa en el ascenso de status que sus predilecciones les proporcionan. En otras palabras: se sacraliza un objeto y se hace de su consumo un rito sagrado que ennoblece a quien lo practica. El prestigio se logra alcanzar mediante el valor de diferenciación que el consumo de objetos prestigiosos otorga; a través de esta vía, la redistribución social de los méritos y virtudes se efectúa. El llamado "consumo conspicuo" (Veblen) se encuentra detrás de toda vocación diletante.

A fin de cuentas, este comportamiento no es exclusivo de la esfera del arte, por el contrario, permea todas las esferas de la producción y el consumo. Todo consumo de objetos es siempre consumo de significados y estos significados son, a su vez, diferenciadores. Ni siquiera el consumo de alimentos escapa a esta ley: aunque nutra igual un pan blanco y un pastel, el consumo de uno o del otro implica significados muy distintos. Al consumir determinados objetos y no otros, lo que se intenta es producir y reproducir al ser social en una figura determinada intencionalmente, ya sea de modo consciente o inconsciente.

El consumo de objetos es siempre, en una sociedad como la nuestra, un acto político. En este acto de consumir significados inherentes a los objetos, todos participamos de algún modo; a veces de forma abierta, como cuando elegimos vestir de acuerdo a una moda; otra veces imperceptiblemente, como cuando elegimos dónde y qué comer.

En una sociedad donde predomina el concepto de valor, no puede existir un acto de consumo apolítico, inocuo. Desde el momento en que se instaura una diferencia jerárquica en el espacio de la producción, esta diferencia tiende a ser reproducida en la figura de los objetos que se consumen.

El consumo de arte es un lugar privilegiado para el análisis de estas formas de producción-reproducción del status social. Lo más frecuente es que la "alta cultura" reproduzca más fielmente la racionalidad de un sistema social productivista. El saber mismo es una forma de acumulación que se encuentra identificada con la mística general del productivismo. Por su parte, el consumo de "arte popular" pertenece a una etapa premoderna (¿o posmoderna?) en la que la cultura es un juego sin compromiso, es decir, sin rentabilidad. Quien —por ejemplo— va al cine con la pura idea de divertirse, asume que el gasto que hace —en tiempo y en dinero— debe producirle placer. Los otros, los que van al cine a aprender, están movidos por el deseo de acumular un saber. El saber es una forma del tener: saber más es tener más, poder más y dominar mejor.

Sin embargo, los objetos no poseen una significación

dada de una vez por todas: el significado de cada objeto no deriva de su "esencia", sino de su ubicación en un discurso amplio en el que se encuentran otros objetos. Es decir, el objeto es un signo en relación con otros signos y es el contexto el que define el sentido último.

Un refrigerador, un televisor, transmiten diferentes mensajes de acuerdo con su ordenación en el hogar. Un refrigerador comunica un significado distinto cuando es colocado en el comedor que cuando es colocado en la cocina. El pan blanco y las tortillas expresan un mensaje puestos en la mesa miserable de un desocupado y otro, completamente opuesto, cuando ocupan un lugar en el menú de un restorán de lujo.

Igualmente, la obra de arte incorpora a sus cualidades significativas el contexto en que se ubica. Una pintura nunca es ella misma en diferente espacio. Una colección de pinturas con firmas prestigiadas colocadas una al lado de la otra en los muros de una fastuosa residencia tienden a comunicar menos sus propiedades estéticas que a sancionar simbólicamente el nivel económico y social de su dueño. Por lo demás, es casi imposible desprender lo "propiamente" estético de las otras cualidades de significación del objeto artístico, las connotaciones estatutarias las oscurecen un poco más o un poco menos, además de que estas cualidades no existen en un estado puro.

Por eso es que los museos juegan tan importante papel en la valoración de la obra de arte. Una pintura en un museo es otra cosa que la misma pintura arrumbada en el estudio del pintor. El museo metamorfosea la obra al incorporarla a un discurso cuya finalidad es ennoblecerla. Una obra que ha pasado por un museo es semejante a un sujeto que ha recorrido la universidad: adquiere un título, es decir, se le añade una plusvalía.

Por esta razón los pintores se esfuerzan tanto en colocar su obra en un museo; saben perfectamente que en ese espacio su obra será resignificada. No es tanto la egolatría del pintor la que lo mueve, sino la posibilidad que le ofrece el museo de abolir la inmanencia de su trabajo: a través del museo no sólo se valoriza su obra en el mercado sino, sobre todo, se trasciende a sí misma, se supera sin necesidad de transformarse físicamente. Por supuesto, el destino de la obra viene ligado fatalmente al destino de su creador, y el ascenso de status de éste es una consecuencia del ascenso de aquélla.

El desafío de Duchamp

Los efectos producidos por la transformación de la obra de arte en signo de prestigio social implican, entre otras cosas, la imposibilidad de su lectura "neutra". Por ejemplo, los criterios que guían al comprador en la elección de una pintura muestran de modo evidente esta incapacidad de una mirada inocente; se trata, por el contrario, de una mirada desconfiada que espía de reojo el juicio que los demás harán sobre su gusto, o su conocimiento del arte. El que compra un cuadro encuentra en él un mensaje que lee con los ojos de aquellos a quienes él necesita, en última instancia, demostrar algo.

Sin embargo, no es necesario hallarse en situación de comprar para que se niegue la obra de arte a darse como un objeto en sí: el desarrollo del gusto se funda igualmente en necesidades de promoción.

En una sociedad como la nuestra, el saber tanto como el gusto son signos estatutarios, independientemente de las razones subjetivas que se quieran dar los individuos, el esfuerzo de "superación" del saber y el "refinamiento" del gusto se encuentran bajo coerción social.

Desde esta perspectiva, la propuesta crítica de Duchamp indicada en el *ready-made* —consistente en desafiar al espectador a apropiarse de la obra de manera intelectual y no material— resulta profundamente subversiva. Duchamp niega la valorización del objeto artístico (el botellero, la fuente) en términos económicos, y hace de su apropiación material una aspiración ridícula. A pesar de inscribirse en el marco del sistema general de signos (exhibiendo en un museo y dirigiéndose a los "entendidos"), Duchamp denuncia la naturaleza estatutaria de la obra de arte. Al mostrar un objeto común y banal como proposición estética, desarticula el código de circulación mercantil de la obra de arte. De este modo, Duchamp delata, en el corazón mismo de la sobredeterminación de los valores estéticos y económicos del arte (el museo), la artificialidad de toda institución mediadora entre el arte y el público. (Es extraño, por otra parte, que la astucia natural del sistema no haya intentado recuperar la crítica de Duchamp. Habría bastado utilizar en la decoración de los interiores burgueses botelleros y "fuentes" para que se diera un golpe maestro que hubiera anulado instantáneamente este mensaje subversivo).

Al mismo tiempo, el experimento de Duchamp no hace sino corroborar que la distinción entre arte y no arte no es más que una distinción artificial. Si se dice, por ejemplo, que una ceremonia ritual no es arte y una pintura sí, esto significa que la primera no puede venderse en el mercado y la segunda sí. La noción de arte se vuelve homóloga a la de mercancía; ambas nociones bautizan los objetos y los metamorfosean: mercancía es el común denominador de todo bien de uso; arte es el común denominador de todo bien cultural negociable.

Los artistas son los primeros en aplicarse celosamente a esta distinción arbitraria entre arte y no arte. Un ejemplo significativo del modo en que se presentan problemas ideológicos y económicos como si fueran estéticos son las polémicas (aparentemente superadas) de si la fotografía es arte o no; o de sí el dibujo es sólo una fase preparatoria de la pintura o bien un objeto artístico autónomo. En la evolución histórica de estas discusiones lo que ha estado en juego no es el esclarecimiento de un problema artístico; lo que se discutía en el fondo es si estas expresiones tardías tenían derecho a incorporarse al mercado con la misma igualdad de derechos que las expresiones del arte tradicionales.

Si no estuviera de por medio la necesidad de valorización mercantil de las obras de arte, sería totalmente fútil una discusión como la señalada; simplemente cada nueva forma de expresión quedaría englobada en la noción de cultura; y las jerarquías, por prescindibles, serían suprimidas.

Una sociedad en la que reina la desigualdad demanda una diferenciación en los objetos que consume. Desde el momento mismo en que el arte no es ya coto exclusivo de una clase, es necesario discriminar entre valores superiores e inferiores. Nace así un "arte popular" y un arte refinado. El "arte popular" es una categoría residual a donde va a dar lo que el arte refinado y elitista no puede utilizar o ya desgastó.

El surgimiento mismo de la noción de arte con mayúsculas denota ya un prejuicio social. Para las sociedades primitivas no existen categorías separadas que pongan en compartimientos su relación con el mundo. Las categorías de trabajo, religión, sexualidad, arte, etc., aparecen históricamente para designar actividades específicas que tienden forzosamente a ser jerarquizadas. La ausencia de tal división nominal en una sociedad primitiva probaría su falta de pertinencia jerarquizadora, y no la ausencia de tales actividades.

LA FIRMA: UN VALOR/SIGNO

Tiene sentido preguntarse aquí qué cambios se han dado en la pintura una vez que su "coeficiente de valor" (firma) se ha colocado en primer plano, convirtiendo en mera sombra suya a la obra de arte.

La firma se destaca para indicarnos que el cuadro ha sido pintado, esto es, que esta pintura no nació primordialmente como un esfuerzo de comprender, sino como un reto hecho al oficio y talento del autor de mostrarse capaz de esta hazaña particular, y al que se le debe, por su eventual éxito, recompensar de alguna manera. La firma no nos dice: "yo, X, quise mostrar esto" sino: "esto que aquí se muestra, lo hice yo, X".

Al trasladarse el acento de la obra al autor se opera un giro radical en la historia del arte. El artista ya no es alguien que, gracias a una habilidad y talento específicos, nos puede mostrar una imagen subjetivamente inédita del mundo. En el tiempo en que a la naturaleza se le consideraba el modelo del cual el arte era sólo un comentario, no existían discusiones acerca de la autenticidad de una obra o acerca de la coherencia de un estilo. Ahora, en cambio, en la medida en que existe un mercado que califica las obras en función de su validez como signo de un valor que no está más en la obra, sino fuera de ella, en el artista, es imperativo proteger la autenticidad de cada obra, so peligro de crear desconfianza en quienes han apostado su gusto, su dinero, o ambas cosas, en favor de algunos nombres.

La preponderancia de la firma nos obliga a una lectura "deductiva" por oposición a la lectura "inductiva" propia de las obras que se gestaban como representación de la naturaleza externa y no como extroversión de la intimidad del artista. En la lectura "deductiva" se parte del reconocimiento *a priori* de la importancia singular de quien pinta, y de ahí se prosigue a interrogar la obra y a verificar sus cualidades articulándolas con el *curriculum* del firmante. Esto significa una lectura del cuadro que va de abajo hacia arriba: de la firma, asciende un valor que se expande hacia el resto de la pintura. Cada uno de los espacios del cuadro será significado en referencia al pintor (ya sea remitiéndolo a la serie de sus obras anteriores, ya sea destacando su originalidad, coherencia estilística, etc.). Por su parte, la lectura "inductiva" exploraba la superficie de una pintura con el fin de reunir los datos que pudieran llevar a una síntesis, a un sentido global, por lo general relacionado con el mundo externo, frente al cual intentaba aparecer como descripción objetiva. El pintor, pues, no aparecía aquí como protagonista privilegiado sino como simple mediador: era el encargado de descorrer la cortina que nos permitía contemplar un aspecto del mundo, y nada más.

En cuanto al abandono de la naturaleza como referencia, los primeros artistas en alejarse de las imágenes representativas no quisieron reconocer su desvinculación de la realidad externa. Los primeros artistas de vanguardia se justificaron alegando que ellos seguían partiendo de la naturaleza como modelo pero que su representación era diferente a la tradicional porque sus puntos de observación eran distintos. En suma: ellos no eran traidores sino fieles, aunque audaces, traductores de la naturaleza.

Tampoco la posición de los artistas más emancipados superaba este supuesto arcaico, decían: "Nosotros no queremos representar al mundo; lo que queremos es crear un mundo". Esta respuesta aceptaba tácitamente la existencia de un mundo objetivo al que se le podía imitar o no, pero al que, de todos modos, se le adjudica una naturaleza y apariencia unívocas.

Ahora ya no es así porque al igual que en otras esferas de la cultura y la ciencia, existen dudas acerca de la naturaleza de lo que constituye la realidad. En otras palabras, las cosas han cambiado porque la idea de un consenso sobre la consistencia de lo real ha sido puesta en tela de juicio. Ya no se trata, como entre los teólogos medievales, de alegar un derecho a la interpretación de un "texto" cuya intrínseca verdad es indisputable, trascendente y objetiva, sino de la duda sistemática sobre la ·perfecta univocidad de ese "texto" que es el mundo.

El valor de la firma

En el campo del arte, el valor de una obra se remite a la firma de su autor y el valor del autor a las autoridades que componen críticos, historiadores, directores de museos, etc. Cada uno de los que cooperan en el establecimiento del valor estético (y económico) de una obra se encuentra entrelazado en una cadena de fiduciarios: el director del museo depende del crítico, éste del historiador, el historiador del teórico del arte, y todos en conjunto se apoyan y son apoyados mutuamente para valorizar las obras, así como el propio rol de cada uno. Si toda esta red de intermediarios entre el público y la obra desapareciera de golpe, un gran cataclismo sobrevendría alterando todas las jerarquías establecidas.

Durante la revolución mexicana, cada caída de un régimen arrastraba la depreciación absoluta del papel moneda que éste había emitido. De tal modo que la gente acabó rechazando el papel moneda y recurrió al oro y la plata para hacer sus transacciones. Los "regímenes" que dictan los valores estéticos son más abstractos y difusos, por lo tanto, más inexpugnables y su autoridad menos precaria. De ahí que la permanencia más o menos estable de una jerarquía en los valores estéticos esté más o menos protegida y por eso, quienes han invertido su dinero y su gusto siguiendo los dictados de los "entendidos" no corran tan grave peligro de sufrir un descalabro. Sin embargo, sería interesante pensar en un mundo liberado de autoridades estéticas y en el que a las obras de arte se les abandonara al libre curso de un consumo basado únicamente en las preferencias del público.

El mérito de una obra está relacionado con un universo global que incluye no sólo todas las demás obras, sino, principalmente, todo discurso acerca del arte. Una pintura, por ejemplo, es juzgada y valorizada por aquellas propiedades que han sido clasificadas en un código creado y articulado por los diferentes expertos de arte. La diferencia entre el gusto y lo "auténticamente estético" es que el primero carece de una sanción fiduciaria. Los valores estéticos son equivalentes porque se presuponen mutuamente. Existe un denominador que permite la catalogación de una obra y su valoración; este denominador común es un corpus de juicios acumulados y acumulables que constituyen un sistema referencial. Sólo así se pueden equiparar objetos tan heterogéneos como puede ser una pintura veneciana del siglo XIII y una escultura abstracta norteamericana. La "moneda" que unifica estos valores es la estética o, más apropiadamente, el discurso estético.

Y no es que se niegue que existan elementos de objetividad en el juicio de los expertos, por el contrario, podemos prescindir de toda sospecha sobre una supuesta mala fe, y aún así, no cambia el significado de lo dicho. En efecto, lo más probable es que cada uno de los participantes en el circuito de este discurso general del arte esté plenamente convencido de su honestidad. Y sin embargo, el hecho es que todos y cada uno de ellos se presentan como parte de una élite o especie de casta sacerdotal con cuya bendición los objetos comunes se convierten mágicamente en excepcionales. En tanto que sacerdotes, al "sacralizar" los objetos, ellos mismos se sacralizan, pues no hay culto sin sacerdotes ni sacerdotes sin culto. El valor de las obras deriva de sus juicios y, recíprocamente, su buen juicio del valor de las obras. En un mundo infestado de tautologías, una más no es sorprendente.

Lo más significativo de la relación entre valor estético y económico de una obra de arte y el proceso monetario es que en ambos campos existen monedas "blandas" que poseen sólo una legalidad local y regional; y monedas "duras" que pueden circular internacionalmente sin mermar su valor. Un artista de un país "atrasado" se puede cotizar estética y económicamente en un alto nivel dentro de sus propias fronteras, pero una vez fuera de ellas su obra puede sufrir una desvalorización pronunciada. En cambio, un artista de una gran metrópoli cuenta por lo general con un aval internacional que permite la libre circulación de su obra sin detrimento de su valor estético y económico.

EL DINERO "ELECTRÓNICO" Y LAS CREENCIAS MÁGICAS

La enorme sofisticación alcanzada recientemente en el campo del dinero "electrónico" en el cual la abstracción ha arribado a lo que probablemente sean sus límites, nos lleva a suponer que sus efectos en la conciencia están aún por consumarse.

Una economía crediticia en la que las monedas tienden a desaparecer tiene que llevar por fuerza a nuevas formas simbólicas. No es difícil la irrupción de novedosas manifestaciones de lo "mágico" y, por tanto, un acrecentamiento de la creencia en la irracionalidad del mundo objetivo así como un aumento de la fe en los milagros.

No es irrisorio pensar en un retorno a las creencias mágicas aunque, probablemente, éstas se presenten vestidas con nuevos ropajes. El habitante de una urbe moderna se enfrenta cotidianamente a un conjunto de artefactos y procesos técnicos en los que él participa activamente pero que no comprende en absoluto. Maneja un automóvil que le permite desplazarse a gran velocidad con una simple presión del pie, y aunque está plenamente familiarizado con los mecanismos que le permiten poner en acción este artefacto de gran peso y volumen, no entiende —ni le interesa entender— cómo esta acción se hace posible. En contraste, si alguien intenta trasladar un enorme tronco de madera con la sola fuerza de sus músculos, experimenta una relación concreta entre su esfuerzo y el peso del tronco; ninguna posibilidad hay que de esta acción se infiera una explicación mágica o milagrosa; pero no es posible esperar que la ligereza con la que ponemos en movimiento un objeto tan voluminoso y pesado como un automóvil no produzca profundas implicaciones en el modo de relacionarnos simbólicamente con el mundo. Desde esta perspectiva omnipotente es ya natural que "baste una firma" para alcanzar lo que se desee.

Por su parte, tampoco en el arte existe ya una relación clara entre la obra y su valor (estético y económico), sino un conjunto de instancias ocultas —incomprensibles para la mayoría del público— que instituyen su valor. Se ha dicho repetidamente que en nuestros días la pintura no entra ya por los ojos sino por los oídos. ¿Qué significa en nuestro contexto dicha aseveración? Pues simplemente el reconocimiento de que el valor en el arte es ya también fiduciario. Esto quiere decir que igual como el papel moneda no tiene ningún valor de uso en sí mismo, una pintura tampoco posee valor alguno si no se le remite a un código valorativo que se encuentra fuera de ella (¿Qué puede significar el "Cuadro blanco sobre fondo blanco" de Malevich si se le extrae de contexto?).

Como se ve, no estamos lejos de la renovación de una conciencia mítica. Al parecer, todos los grandes avances tecnológicos, a despecho de su racionalidad interna, van a acabar produciendo un decidido retorno a simbolizaciones preñadas de magia. Ahí donde los procesos económicos tanto como tecnológicos escapen a la comprensión del hombre común, éste se sentirá inclinado a creer que el mundo de las apariencias no es sino la cobertura accidental de un oculto mecanismo cuya precisión y refinada perfección le garantiza la continuidad de los ciclos de manera imperturbable; y que, además, este mecanismo perfecto e imperceptible pero omnipresente es la única verdad confiable.

Este nuevo dios omnipotente no se encuentra ya personificado en algún aspecto concreto de la realidad tecnificada, pero, al igual que el Dios de la teología, se le halla en todas partes; sobre todo, ahí donde la incomprensión, lo inexplicable racionalmente, deja su lugar a una fe ingenua en una voluntad invisible que ordena y dirige el mundo y cuyas decisiones son igual de inescrutables que las de los dioses tradicionales.

Por otra parte, en cada artefacto que falla volvemos a encontrar los límites de nuestra fe. Una máquina descompuesta nos revela súbita y dramáticamente la precariedad del orden y nos devuelve a una especie de escepticismo iconoclasta. Si nuestra fe en los milagros no se ha vuelto absoluta, es precisamente por culpa de estos accidentes imprevistos. Pero, como se sabe, no existe fe que no posea una dosis de duda, y mientras que las "descomposturas" sean la excepción y no la regla, nuestro credo estará a salvo y podremos seguir confiando en que bajo los desórdenes eventuales se encuentra un superorden que garantiza que en lo fundamental nos podemos seguir sintiendo seguros.

Existe además lo que podríamos llamar delegación del saber: para cada aspecto de lo "inexplicable" existe un "explicador" profesional, es decir, un experto. No entendemos cómo y por qué funciona o deja de funcionar un automóvil, pero el maestro mecánico sí lo sabe; no sabemos qué nos enferma o qué nos cura, pero el médico sí lo sabe; no sabemos por qué, de pronto, nuestro patrimonio económico se pulveriza, pero el economista sí lo sabe; en fin, nada de lo que nos sucede y que para nosotros es inexplicable, lo es para algún tipo de experto. ¿Por qué, entonces, no voy a creer que, por ejemplo, esta pintura que no comprendo pero que se encuentra colgada en un museo, no posee un mérito auténtico que es para mí, en mi ignorancia, imperceptible?

La delegación del saber es pues la fe en la existencia de una verdad localizada en algún remoto lugar al que tienen acceso sólo los iniciados. La necesidad de creer que esta verdad existe es parte del gran mito que nutre el espíritu de la modernidad. Dudar del saber de los expertos es trabar todo el mecanismo que permite a nuestra sociedad funcionar como una gran institución fiduciaria.

El fundamento de una instancia fiduciaria radica en su capacidad de distribuir más promesas que dones. Las promesas son lo más parecido al papel moneda —que es, básicamente, una promesa de pago. Una sociedad en la que las promesas no fueran aceptadas como equivalentes de un valor, pondría en jaque al sistema. Los que distribuyen promesas tanto como los que las reciben saben perfectamente bien que sólo una mínima parte de éstas pueden ser canjeadas por "efectivo", y sin embargo, se vive con la presunción de que todas las promesas son, en un momento dado, "cobrables".

El hecho, sin embargo, es que aun las promesas incumplidas poseen una eficacia "mágica". En un mundo donde

ya no se exige una correlación estricta entre el concepto y
la cosa, la promesa cumple con prometer. Quien vive de
promesas está alimentando su fe en la magia al mismo
tiempo que se permite sobrevivir a la desesperanza; confiando en las promesas cae menos en la trampa de quien
promete que en la suya propia —que es en la que quiere
caer.

Como en la religión, en la gran urbe las promesas pos-
tergan indefinidamente el ajuste de cuentas y la conquista
de la felicidad; creer que algún día nuestros problemas serán resueltos es volver soportable la espera. Esto no quiere
decir que no existan momentos en los que el· principio de
realidad anule todo el poder fiduciario de las promesas y
que la sociedad se quiera cobrar todas de una vez; en tal
momento entramos a un estadio revolucionario; el resto
del tiempo, la promesa es el mejor sustituto de lo real;
tanto se asemeja a veces, que no se sabe distinguir una del
otro, psicológicamente hablando.

Pero, si hablamos de arte, hay que señalar que todo coleccionista colecciona "promesas" de valor. Es cierto que el
coleccionista puede utilizar el "valor de uso" de las obras y
gratificarse con su contemplación física; pero también es
cierto que su goce estético sería mucho menor si no creyera
que su colección se está revaluando día con día. En el corazón de todo coleccionista de arte yace un especulador: la
revaluación de la obra prueba dos cosas importantes, una,
su sagacidad especulativa y, dos, su acertado gusto; ambas
no son sino dos caras del mismo acierto: valor de mercado
y valor estético se identifican mutuamente.

Siguiendo esta lógica se piensa que la revaluación de
una obra en el mercado del arte es índice inequívoco de su
revaluación estética; por tanto, si una pintura de Van Gogh
alcanza el precio de cincuenta millones de dólares en una
subasta, se deduce que este coeficiente económico añadido
representa un aumento en el coeficiente estético de la obra.

La verdad y la moneda

La búsqueda de la verdad ha sufrido, en general, un proceso similar a los avatares de la moneda. Aunque los filósofos han recurrido explícita y constantemente a las metáforas monetarias en la búsqueda de la verdad, la más importante influencia de las transformaciones de la moneda ha penetrado en el pensamiento de modo subterráneo. Es decir, aun no hablando de la moneda, los filósofos han sido hablados por ella.

Existen numerosos ejemplos de la simbolización del dinero en términos lingüísticos y lógicos. George Simmel señala: "El dinero es similar a las formas de la lógica, que por igual se prestan a cualquier contenido en particular, sin importar el desarrollo y la combinación de tal contenido". El sistema monetario y la lengua son sistemas complementarios o competitivos de producción e intercambio; esto indica que el dinero no es sólo un tema, un contenido metafórico en algunas obras del idioma, sino que participa activamente en todas. La conformación monetaria del pensamiento, su contraste con el contenido, no puede erradicarse del discurso.

Un caso muy significativo del modo en que la economía monetaria penetra en el discurso es la desconfianza que despiertan, en determinados momentos y lugares, las palabras. Existe una ya larga tradición romántica que acusa al lenguaje de traicionar las sensaciones. El intenso y doloroso sentimiento de no poder adecuar el pensamiento a la cosa se refiere, no sólo a nuestra relación con los objetos externos, sino también a la mediación lingüística del yo consigo mismo. De estos dos temas, el segundo es el más propiamente romántico, es el que se refiere a lo inefable; el primero, en cambio, es la piedra de toque de toda teoría del conocimiento.

No sería difícil hallar las conexiones que, en diferentes épocas y lugares se presentan de modo recurrente, entre la crisis de confianza en la moneda y la pérdida de fe en las palabras. Una moneda devaluada implica una devaluación del hombre con relación a su realidad inmediata: lo que posee nunca es seguro, cada día vale menos y menos. Cada vez que se encuentra en peligro el patrimonio del hombre, su identificación con lo poseído hace cimbrar su autorrespeto. Si mi trabajo se devalúa, yo también me devalúo; si mi trabajo vale menos, yo también valgo menos. Si no puedo asegurar un intercambio estable entre dinero y bienes esto significa que no puedo confiar más en otros aspectos de mi relación con el mundo; si soy engañado en un aspecto esencial, debo estarlo en muchos otros; específicamente, no puedo confiar ya en la equivalencia de las palabras con las cosas. La pérdida de fe en un signo esencial me lleva a desconfiar de otros signos.

LA DEVALUACIÓN DEL HOMBRE

Elías Canetti describe en *Masa y poder* cómo la hiperinflación acaecida en la Alemania de la década de los veinte, que condujo a la devaluación del marco en una billonésima parte de su valor, favoreció la posterior degradación del judío y su consecuente aniquilación. Canetti presenta, más o menos, esta secuencia:

a) devaluación del marco
b) autodesvalorización del individuo
c) necesidad de encontrar a alguien que valga menos
d) identificación del judío con el dinero y
e) destrucción del judío

Éste es un ejemplo sintomático de la correspondencia histórica entre la devaluación de la moneda y la devaluación de la razón. Las corrientes irracionalistas florecen y se desarrollan más fácilmente en un terreno que ha sido previamente abonado por el aumento desmesurado de los precios y la consecuente depreciación de la moneda.

La pérdida violenta del valor de una moneda se vive

como una estafa no sólo atribuible a un gobierno, sino a la noción misma de realidad. Si la moneda es el medio esencial de comunicación de nuestros deseos y necesidades con sus respectivos satisfactores, su quiebra es la quiebra de nuestras expectativas de felicidad. De ahí que, independientemente de las acciones que llevemos a cabo para defender nuestra supervivencia, surja una inclinación a buscar en otra parte que en la realidad social un nuevo catalizador de confianza. Es la realidad toda la que ha sido puesta en cuestión y no sólo un área particular de ella; por tanto, hay que buscar un reemplazo más allá de la realidad, más allá de la razón que encarnaba a aquélla.

Abandonando la confianza en la realidad, se abandona también la confianza en la razón que era la forma de discurso que le daba inteligibilidad y que, por tanto, la legitimaba: la realidad era la razón; la razón era la realidad. La fe en lo inescrutable —fundamento de toda irracionalidad— suplanta a la fe en una razón que se mostró groseramente indiferente a los deseos de los individuos. Lo irracional ofrece, en cambio, una reciprocidad afectiva mediante la posibilidad de un intercambio, no en función de calculadas y frías equivalencias —que ya probaron su fracaso— sino mediante la postulación de una entidad conmovible por súplicas y dispuesta a prodigarse generosamente. Esta entidad puede ser Dios —y a menudo lo es— pero también puede ser cualquier otra cosa: alguna voluntad metafísica, o una especie de azar dirigido. Esta fe secular se puede expresar de diversos modos: en la esperanza de ser favorecidos por la suerte, en la fe en un giro inesperado que acabe con todos nuestros problemas —una gran apuesta ganada sin haber arriesgado nada— en fin, en la espera de cualquier evento que, escapándose de las leyes de la realidad, favorezca por acto de gracia nuestros más imperiosos deseos. Este credo tiende a confundir deseos con realidad.

No existe en este sentido, pues, gran diferencia entre quienes eligen la fe en una iglesia o religión institucionalizada y quienes transfieren la misma omnipotencia de Dios a la Fortuna. En ambas inclinaciones corre un mismo flujo irracional: la esperanza de una salvación no por los méritos y capacidades propios, o por leyes causales, sino por la generosa y libre disposición de un poder benevolente. Lo irracional aparece así como una forma elevada y superior de la razón. En realidad no se quiere escapar de una secuencia causal tanto como impregnarla de simpatía. Por eso lo irracional se funda en principio en la intuición. La intuición es un deseo y un saber entremezclados que pugnan por liberarse de las cadenas gramaticales que atan la razón a la lógica. A través de la intuición sabemos lo que es necesario saber; nada más y nada menos. ¿Cómo hemos llegado a este conocimiento de las cosas? Eso no importa; lo que cuenta es la certeza interior de que las cosas son como nos parecen en el momento de esta súbita inspiración. Más allá de esta certeza está el orden desordenado de la realidad con su multitud de hechos inconexos agitándose sin sentido.

A Dios no se le conoce: se le intuye. Esto significa que Él es el encargado de dar sentido a lo sin sentido; que nosotros sólo debemos preocuparnos de creer en su existencia y de obedecer su ley.

Dios —o la Fortuna, en su caso— se presentan de modo semejante a la inscripción que da valor a un simple papel. Si tenemos fe en el papel inscrito, éste se convertirá en una moneda, en dinero canjeable por bienes; si no creemos en él, si atendemos sólo su aspecto concreto, entonces será nada, sólo un papel inservible.

Kierkegaard recomendaba que frente a las paradojas de la razón había que oponer la fe, es decir: "lanzarse al vacío para caer en los brazos abiertos de Dios". No creas lo que ves y cree en lo que no puedes ver es, en síntesis, el mensaje que las religiones tanto como la moneda dirigen a sus fieles.

El pensamiento amonedado

No es extraño que lo que acontece en el campo de la economía se exprese de diversas formas simbólicas en el pensamiento. Nuestra manera de entender el mundo deriva de los tópicos existenciales que más afectan nuestra vida cotidiana. Si el psicoanálisis ha puesto el énfasis en la sexualidad es porque ésta se halla omnipresente en nuestra fisiología tanto como en el fundamento de toda sociedad. La economía en general ha sido considerada, sobre todo a partir de Marx, como el centro de gravedad de toda sobredeterminación. Sin embargo, lo que aquí se intenta mostrar son los efectos de la economía, no tanto en la ideología en general, sino en el modo simbólico en que específicamente los cambios operados en la historia de la moneda operan sobre la conciencia.

Un modo sofisticado de sublimar la economía monetaria en la cultura es cierta aspiración de saber. Un hombre que aspira a aumentar sus conocimientos trata de evitar el gasto improductivo del tiempo. Tanto el ocio pasivo como la ocupación en diversiones frívolas aparecen como inversiones no rentables y, por tanto, como despilfarro. Aprender nuevas cosas es invertir nuestro capital tiempo en conocimiento rentable; una rentabilidad que puede satisfacer una necesidad de reconocimiento o, simplemente, permitir una mayor valorización en el mercado de trabajo.

La conversión simbólica de la economía monetaria en pensamiento no es intrínsecamente estéril o enajenante. El pensamiento es siempre preocupación sobre algo. Analizamos las cosas cuando nos afectan. El interés por la filosofía suele aparecer como un interés puramente especulativo, es decir, no rentable. En realidad, los filósofos son la gente más interesada del mundo; lo que sucede es que han logrado simbolizar de un modo sutilmente abstracto sus preocupaciones.

Existen diversos estudios que dan cuenta de lo que los filósofos importantes no dijeron pero querían decir a través de sus obras. Karl Popper descubre en la filosofía de Platón su intención de escapar a la ansiedad frente a los dramáticos cambios que en la sociedad de su época se estaban dando y que amenazaban sus estructuras tradicionales. Mucho se ha dicho también acerca de la filosofía de Hegel y su relación con el deseo de éste de apuntalar al imperio prusiano.

Según Marc Shell, la misma dialéctica es reveladora de un procedimiento intelectual mediante el cual la forma económica se expresa en el idioma: "La dialéctica filosófica es una procesión intelectual hacia la verdad, procesión que actúa por medio de división y generación. La división concierne a las relaciones de las partes con las partes y de las partes con los todos, y la generación muestra cómo algunas partes son parciales al todo y cómo generan y tienden hacia él". Esta descripción puede ser leída también en sentido monetario: el dinero es un denominador común de todas las mercancías y, al igual que la dialéctica, opera por medio de la "división y la generación". Las palabras en general son como monedas intercambiables tanto por otras monedas como por cosas distintas al lenguaje. Las verdades son parecidas a la moneda "dura", es decir, son sustancias puras con valor intrínseco.

Verdades fiduciarias

También las verdades han aparecido frecuentemente en la historia como "documentos" avalados por la autoridad: la de Dios o la de sus representantes en la tierra. Es típico del discurso medieval la identificación de la verdad con el prestigio de la autoridad de quien la enuncia. La verdad es aquello que el profeta o el gran sabio dijo. Por ejemplo, la autoridad de Aristóteles conformó gran parte del pensamiento teológico medieval y sus argumentos se aceptaron, la mayoría de las veces, acríticamente hasta muy tarde ya en la época moderna. Por su parte, la religión, aun hoy en día, sigue haciendo valer sus dogmas no por su racionalidad sino mediante el argumento de autoridad apoyado en el venerable respeto que se les debe a los primeros padres de la Iglesia.

Este carácter fiduciario de la verdad es semejante al de una moneda cuya inscripción y no su sustancia, garantiza su valor adquisitivo. Las verdades fundadas en la autoridad son repelentes a la utilización del análisis lógico y racional: son artículos de fe, es decir, papel moneda.

La crisis de la fe es la crisis de sus avales; la crisis de la moneda es la crisis de confianza en sus emisores. En la medida en que la moneda no posee ya una sustancia que le da valor por sí misma, y que su valor descansa en la mera promesa de un poder central, el lenguaje deja también de sustentarse en la autoridad y de identificarse con ella.

La rebelión ante los representantes del poder en la Edad Media y el virulento surgimiento de sectas y movimientos heréticos son una y la misma cosa. El retiro de la confianza en unas autoridades que proclaman su parentesco con la divinidad y la revisión del credo que las sustenta, suele venir aparejada. No basta con desobedecer a la autoridad, hay que modificar también la ley que la legitima. Es decir, puesto en términos monetarios, rechazar la autoridad implica invalidar la moneda que ella ha estado emitiendo y viceversa.

La rebeldía de las sectas contra la autoridad eclesiástica expresa la toma de conciencia de su carácter puramente fiduciario. Con la excepción de la existencia de Dios y de otros supuestos fundamentales del pensamiento religioso en general, las sectas eliminan radicalmente todo lo que no resiste al claro entendimiento y al sentido de la realidad. Esto significa que el discurso de la razón ha irrumpido y con él la necesidad de adecuar más apropiadamente las palabras a las cosas. El discurso anclado en la tradición, en cambio, se encuentra empeñado en establecer una pantalla metafísica que niegue la necesidad de la experiencia inmediata de la verdad. En su lugar ofrece un mundo más "real"... pero en el "más allá". Para que esta estratagema resulte hay que desvalorizar el "más acá". Lo que los clérigos pretenden es la compra a "crédito" de las almas: sacrificáos ahora y cobrad después, es el mensaje.

La Iglesia exige la fe en los milagros como condición para la salvación (¿de los fieles o de la Iglesia?). Lo que se intenta es trasladar al plano de lo religioso el divorcio que se está dando entre el concepto y la cosa; entre la moneda y su valor adquisitivo. Una moneda que carga en sí misma su valor y no en la inscripción que lleva es un bien como cualquier otro y, por tanto, su uso pertenece más a una economía de trueque que a una economía dineraria. El sentido común puede establecer una equivalencia en el intercambio de bienes por monedas de oro; pero una moneda con valor fiduciario induce a la fe en lo irracional, en los milagros. El carácter opaco del proceso de conversión de un signo en valor se extiende al área de las creencias.

La demanda de renegar de la razón ("esa prostituta..." decía Lutero), y confiar en la fe es igual a la demanda de confiar en el carácter crediticio de una moneda: no importa su verdad práctica (adquisitiva), sino su verdad ideal (irrealizable).

A los clérigos —para quienes efectivamente los diezmos tienen un carácter mágico, pues los reciben ofreciendo a cambio bienes intangibles— les es más fácil creer en los milagros. Pero más que creer en ellos les es importante que aquellos con los que intercambian los crean; bien saben que los suyos son bienes fiduciarios.

La fe religiosa se encuentra a menudo asociada a una incomprensión de la naturaleza del dinero. Tanto aquel que se enriquece como el que se empobrece poseen una ignorancia común; pero los modos en que unos y otros pueden simbolizar esta incomprensión puede influir sobre los distintos tipos de religiosidad.

El imperio de la gramática

El discurso actual, si quiere persuadir, ya no se apoya en una autoridad personificada, su recurso legal es ahora la autofundamentación. La autofundamentación consiste en articular el pensamiento de acuerdo a normas lógicas y racionales, es decir, gramaticales. Este discurso se fundamenta pues, no en el argumento de autoridad, sino en el respeto a las reglas del lenguaje. Hasta épocas recientes, los pensadores se ufanaban de haberse sacudido de las cadenas que ataban al pensamiento a la autoridad sin caer en cuenta, empero, que su nuevo sustento metodológico era una convención histórica más.

No es casual, pues, que en el presente gran parte de los filósofos estén orientando sus investigaciones hacia el campo del lenguaje. Las sucesivas frustraciones generadas por las crisis económicas —ejemplificadas por la Gran Depresión— han hecho aflorar la desconfianza en todas las instituciones y, entre éstas, el lenguaje ha sido una de las principales en cuestionarse. Tanto la lógica como la ética y la estética se encuentran en la búsqueda de una nueva piedra de toque que contraste el mismo instrumento de sus indagaciones: la palabra.

En la Edad Media las diferencias de opinión se explicaban como fallas en la interpretación de un texto que en sí mismo era perfecto. Lo que estaba en juego era saber quién había acertado en la interpretación justa del original, pero éste nunca era cuestionado. En nuestros días, es el "texto" mismo el que se ha sometido a juicio. Los filósofos dudan ya que la verdad consista en el ordenamiento óptimo de los conceptos y las frases que constituyen un discurso. Se han convencido de que toda verdad es tautológica. Por tanto, es el sistema lingüístico total el que ahora es problematizado, pues se sabe ya que la lengua determina en gran medida el pensamiento y con ello nuestra concepción del mundo.

La verdad y las masas

Una de las cuestiones más difíciles de responder es si los valores estéticos de una obra de arte son objetivos o derivan del consenso subjetivo de un grupo limitado de expertos. Se podría responder que no se trata de juicios opuestos: que es precisamente la objetividad de los valores lo que permite el consenso. Sin embargo, también sabemos que ningún juicio es absoluto y eterno y que a través de la historia el valor de una obra puede sufrir altibajos.

Los valores estéticos constituyen un universo dinámico: cada nueva obra, cada nuevo análisis juicioso y profundo, puede alterar el sentido y la jerarquía de los diversos valores establecidos y de las obras hechas en todo lugar y todo tiempo. Por eso es inevitable aceptar que la objetividad de los juicios estéticos es, por lo menos, tan precaria como la objetividad de los juicios historiográficos; tanto unos como otros están sujetos a una permanente revisión.

Pero si aplicamos un criterio "relativista" con respecto a épocas pasadas, nuestra moderna sociedad de masas exige una relativización aún mayor.

En una sociedad de masas deja de existir un centro, es decir, un lugar privilegiado desde donde se irradia el sentido sobre el resto de la sociedad. Es una ilusión en nuestros días pretender que se dé un reconocimiento masivo a cualquier "verdad". Ni siquiera el pretendido poder omnímodo de los mass-media podría imponer uniformemente la validez de ningún esquema de pensamiento o siquiera una opinión sobre algo. Quienes creen ciegamente en la omnipotencia de la manipulación, desconocen las cualidades esenciales de la masa, entre ellas, su capacidad de neutralizar los mensajes que se le envían absorbiéndolos sin metabolizarlos. Jean Baudrillard describe inmejorablemente este proceso:

"La masa absorbe toda la energía social, pero no la refracta. Absorbe todos los signos y todo el sentido, pero ya no devuelve ninguno. Absorbe todos los mensajes y los digiere. Devuelve a todas las preguntas que le son dirigidas una respuesta tautológica y circular. No participa jamás. Atravesada por los flujos y los tests, es, como masa, una toma de tierra, se contenta con ser conductora de los flujos, pero de todos los flujos; buena conductora de la información, pero de toda la información; buena conductora de las normas; pero de todas las normas".

Pero si bien lo dicho por Baudrillard da cuenta de la refractariedad de las masas, falta por saber a quién o a quiénes se les puede persuadir de la bondad o maldad de una cosa cualquiera, es decir, quiénes son los que asumen como dogma las verdades enunciadas por el "centro". En realidad, éstos somos todos y ninguno. Todos somos componentes de la masa; la masa, pues, somos todos. Pero en tanto masa, no estamos subordinados ya a un sistema planetario "solar", en el que todos los cuerpos gravitan alrededor de un solo centro. La sociedad de masas se parece más bien a un universo macroestelar en el cual no existe únicamente un centro, sino una multitud de centros, cada uno con su propio campo gravitacional.

Las masas ya no creen en una Verdad que proviene de un centro o espacio metasocial, sino en la verdad de su microsistema social. Sociedad de masas significa proliferación de centros; estamos ya frente a una sociedad atomizada en la cual cada corpúsculo social genera sus propios discursos acerca de lo real. Lo real deja de ser un concepto referencial objetivo para convertirse en una noción sociológica, y más que sociológica, etnológica. La verdad, pues, ya no es científica sino social.

¿Y qué legaliza a este conjunto de discursos discontinuos e inconexos? No otra cosa que su adecuación con la vivencia social de sus emisores.

Con la sociedad de masas se pone fin a la ilusión racionalista —herencia de la Ilustración— sobre la naturaleza universal de la razón y de su correlato: la realidad. Tanto la razón como la realidad devienen el modo específico de cómo, la representación imaginaria de un grupo —incluidos, por supuesto, sus deseos— traduce su particular inserción en la totalidad social.

Las afinidades entre un grupo, es decir, las razones por las que se integran en un mismo universo imaginario son diversas: origen étnico, estrato social, una versión específica de lo religioso, ubicación urbana, etc.

A partir de lo dicho, se puede afirmar que la universalidad de los valores estéticos —si alguna vez existió— se encuentra en franco declive. Los esfuerzos desesperados de los teóricos y artistas por producir valores unívocos resultan vanos frente a una sociedad tan atomizada como la nuestra. Y así como la publicidad ejerce un lenguaje dirigido más a los mismos publicistas que al público, los valores estéticos tienen sólo una vigencia gremial: son los artistas y todas las instituciones que tienen su *modus vivendi* alrededor de lo que los primeros producen y que se encargan de divulgar y reproducir, los únicos que aún siguen creyendo en la universalidad de sus juicios.

Los diferentes modelos despóticos de la Razón pretenden negar el núcleo de verdad histórica que reside en lo que ellos denominan la periferia. Todavía se aferran al mito de una sociedad tribal, centralizada, en la que unos son los protagonistas y el resto mero escenario. Esta ilusión se sustenta en el alcance global de los medios de comunicación. Se cree, por ejemplo, que la televisión ha logrado uniformar los criterios y los juicios de valor. Se desconoce la impermeabilidad de las masas a la información. La enorme saturación de mensajes no ha hecho otra cosa que neutralizarlos unos a otros: vale tanto un anuncio de un dentífrico como la noticia de una hambruna en Bangladesh.

De la información que sí se procesa y metaboliza, tampoco se puede decir que se interprete de modo unívoco y homogéneo. Cada grupo, cada individuo, hace su propia descodificación y crea su propio espectáculo a partir de lo presentado ante sus pantallas privadas.

El control remoto manual ha representado una revolución de los comportamientos del espectador más allá de su simple innovación tecnológica, destinada originalmente a hacer más confortable el manejo del televisor. Ahora, cada espectador puede confeccionar su propio programa: edita y combina imágenes a su capricho y el resultado es algo ajeno a la continuidad que los creadores querían imponer originalmente a sus programas. Accionando intermitentemente los controles del telemando, las imágenes y mensajes se suceden unos a otros sin ningún plan, sin ningún orden. Fragmentos de un noticiero, de un corto de dibujos animados, de un film, de un partido de futbol y diversos anuncios comerciales entrecortados se suceden anulando en su discontinuidad la localización de cualquier mensaje intencional. Lo que queda es un pastiche confeccionado con discursos pertenecientes a niveles incompatibles, aunque subsumidos en un metamensaje que es el del medio.

Sin embargo, insistimos, el metamensaje —o "el medio es el mensaje" de MacLuhan— no es unívoco, no se traduce en ideología de manera mecánica. Esto no significa que la televisión no informe a la sociedad de masas, pero esta influencia no actúa propiamente sobre el contenido de los pensamientos, sino sobre los modos de comportamiento; comportamientos que la televisión, en tanto objeto, ha alterado radicalmente al afectar el hábitat humano y con ello los hábitos de convivencia familiar y utilización del tiempo libre.

No es necesario ir más lejos en esta dirección. Lo que aquí se quiere constatar es la quiebra de todo sentido universal. Y así como los que se encuentran vinculados a la "alta cultura" la experimentan como la quintaesencia de la historia, los que producen y consumen formas específicamente locales de cultura y comparten predilecciones artísticas populares (y aun, *kitsch*) en la música, en el cine, en la literatura, viven y mueren indiferentes a la supuesta indigencia que un supuesto centro decreta sobre la calidad de sus preferencias culturales.

En este esquema, el centro y la periferia son términos intercambiables. Los que se encuentran en el centro del poder viven en la ilusión de que los argumentos retóricos con los que envuelven su capacidad persuasiva poseen alguna credibilidad entre las masas. Esta cualidad de la masa, o "mayoría silenciosa" de contestar con un eco a las preguntas que se le dirigen, lleva a pensar que aceptan acríticamente la demagogia de los políticos. La verdad es que no contestan nada, o contestan lo que se les pide —o cual viene siendo lo mismo— porque no les interesan los temas que no afectan su cotidianeidad. Para la masa, la política está en el orden del ritual: vive inmersa en el discurso del poder y se comporta tratando de no provocarlo, pero de ahí a que crea en su retórica media una gran distancia.

En una sociedad de masas el centro y la periferia se confunden, son reversibles. De algún modo, desde que deja de existir un centro "natural" —como lo era en la Edad Media la Iglesia— todas las élites que se dedican a la produción de signos culturales se vuelven periferia para la masa; pertenecen a lo residual.

Pero, de acuerdo con los sacerdotes de la estética, los que viven fuera de los valores reconocidos y aceptados por ellos han perdido —igual que los infieles para la Iglesia— su posibilidad de salvación. Sólo dentro de la Iglesia hay salvación, y sólo en la "alta cultura" hay posibilidad de un auténtico goce estético. Los indigentes, los descarriados, no tendrán lugar en el paraíso de los auténticos valores estéticos.

La lucha por la hegemonía

El carácter etnocentrista de la cultura occidental es una más de las expresiones "monetarias" del pensamiento. Así como el dinero es el denominador común de todas las mercancías, la cultura occidental —particularmente la europea y, últimamente la norteamericana— aparece como la piedra de toque ante la cual las demás culturas pueden y deben ser valorizadas.

Los esfuerzos de aculturación y transculturación ejercidos a ultranza por los conquistadores españoles sobre la población nativa de América durante la conquista y a lo largo de todo el período de su dominación, es un buen ejemplo de esta concepción monetarista de la cultura. Para que el dinero pueda cumplir su función, es necesario convertir toda cosa en mercancía; igualmente, para hacer posible la valoración de una cultura, hay que inscribirla en un sistema de signos que sirva de común denominador y cuya estructura no suele ser otra que la que fija arbitrariamente la cultura hegemónica. Así, una vez que toda manifestación cultural de un pueblo se codifica de acuerdo con, y en referencia a una cultura central, puede ser clasificada y catalogada cada una de sus expresiones. Aquello que, de acuerdo con el pensamiento etnocentrista, se ajusta adecuadamente a la escala valorativa del colonizador se juzga bueno, bello o civilizado; en cambio, aquello que escapa a la norma, aquello para lo cual la cultura hegemónica no posee explicación por hallarse fuera de su sistema taxonómico, es considerado como desviación, atraso, primitivismo o, en el peor de los casos, es definido como "salvaje".

La proselitización de los indios se habrá de realizar, no sólo en el plano de la cultura en general, sino sintomáticamente, pondrá el énfasis en la conversión religiosa. Nada hay más perturbador para el conquistador de entonces que hallar vestigios religiosos de carácter pagano ya "superados" mucho tiempo atrás por los europeos. Ante este anacronismo, la verdad del cristianismo encuentra corroborada su identidad con el progreso y, en consecuencia, con la Verdad.

El paganismo de los nativos de América no tiene nada que hacer en la historia según la ven los colonizadores, por tanto hay que aniquilarlo cuanto antes, aprovechando la desigualdad de fuerzas a su favor. Se trata de sacudirse de la amenaza de una reversión de la historia, de un pasado arcaico que pretende hacerse pasar por presente; tal cosa no podía permitirse porque esta simultaneidad pondría en jaque el concepto lineal de la historia propio de la civilización europea, relativizando sus arduas conquistas realizadas a través de los siglos.

Una vez catequizado, un indio puede ser un buen o un mal cristiano, pero de cualquier modo ya puede ser clasificado de acuerdo con el orden de los dominadores.

Los españoles procedieron a un intercambio simbólico: dieron a los indios un Dios y una cultura, y tomaron a cambio el oro y la plata que pudieron. Al igual que los clérigos, dispensaron bienes espirituales y se cobraron con bienes materiales: recibían valores intrínsecos y expedían a cambio valores fiduciarios.

Si nos hemos extendido en este ejemplo es porque consideramos que la lucha por la hegemonía física implica siempre una lucha por la hegemonía espiritual, es decir, ideológica. El poder se sustenta, entre otras cosas, en su capacidad discursiva, y su discurso está siempre empeñado en adueñarse de la interpretación "correcta" de la realidad. Un discurso bien estructurado es un equivalente de lo real, puede ser tomado por sustituto de lo real; como el dinero puede ser equivalente de un bien y sustituto de él.

La vigencia del "pequeño relato"

Señala Lyotard, hablando de la posmodernidad, que los grandes relatos (¿mitos?) pertenecen al discurso de la modernidad, pero en nuestra época posmoderna "sólo el pequeño relato mantiene su vigencia". Esta es otra forma de describir la crisis de la Razón Universal. "Si hay consenso sobre las reglas que definen cada juego —añade Lyotard— ese consenso, en todo caso, debe ser local". En otras palabras: ya no se puede a estas alturas seguir hablando de leyes; ahora se trata de reglas.

La ley es la expresión de lo necesario; en cambio, la regla es del dominio de lo arbitrario. Las leyes surgen de la necesidad; las reglas se imponen por consenso. Las leyes morales son imperativos categóricos; las reglas, imperativos condicionales. Para que un juego sea posible, es necesario crear reglas y respetarlas; pero la ley está por encima de un consenso limitado y condicional: posee validez universal e intemporal. En la sociedad posmoderna las reglas han reemplazado a la ley. El imperio de la ley está en quiebra; no así su mito.

El arte ha derivado, en la práctica, en pura regla, regla de un juego que respetan sólo aquellos que quieren jugarlo. Sin embargo, los productores del Gran Discurso sobre el Arte aún no se han percatado del restringido ámbito que dominan; desde sus torres de marfil siguen pontificando acerca de valores absolutos y normas irrenunciables: todavía creen en el imperio de la ley.

El discurso solipsista del gremio artístico consiste en afirmar que arte es aquello que un artista hace; pero más aún: son artistas sólo aquellos que proyectan una imagen pública de su quehacer. Al arte no se le define como una actividad específica no "utilitaria" y al alcance de todo mundo —como lo fue en un tiempo— sino, precisamente, por una cualidad opuesta: su carácter de mercancía privilegiada; esto es, arte es sólo aquello que se puede exponer, vender o difundir ampliamente; aquello que puede ser, fundamentalmente, valor de cambio o signo de prestigio.

Switters, un dadaísta, decía: "todo lo que el artista escupe es arte", esto es, la carreta adelante y los caballos atrás: un artista no lo es por lo que produce, sino lo que produce es arte porque él es un artista. Pero lo que en Switters es desenfadada burla destinada a esquivar el cuestionamiento de la libertad de un creador, para los clérigos del arte actual, enclaustrados en el mito universalista de la verdad estética, es un dogma inconfesado. Allá ellos; la historia oficial del Arte no se detendrá; en ella no entrarán nunca los que no juegan el juego solemne de los sagrados valores estéticos —aunque eso no les impedirá a estos últimos gozar libre y selectivamente las obras que se les antoje sin preocuparse por su jerarquía. Está bien que así sea, pues por su parte, las masas corresponderán ignorando desdeñosamente el discurso déspota de los académicos y seguirán practicando irresponsablemente en su vida cotidiana un consumo indiscriminado de obras no sancionadas por la ley, junto con otras que casualmente lo estarán, pero, eso sí, aquellas que sean aceptadas lo serán por adecuarse a las reglas de su propio espacio privado en donde cada grupo es amo y soberano.

LA REALIDAD: UN CONSTRUCTO

En situaciones no catastróficas y de calma relativa, la realidad es un constructo discursivo; esto quiere decir que los datos "objetivos" que proporciona la realidad pueden ser seleccionados y acomodados de infinitas formas subjetivas. Se puede, por ejemplo, hacer el diagnóstico pesimista de una sociedad a partir de la nota roja de los periódicos o hacer un diagnóstico optimista a partir de la sección de sociales. También se puede deducir la realidad social de la programación de los canales televisivos, de los noticieros oficiales, de las declaraciones de los políticos o de las cifras de los economistas. Algunos podrán sacar conclusiones acerca del tipo de sociedad en que viven en respuesta a haber sido injustamente agredidos por un gendarme o, simplemente, por un estado de mal humor.

Si la "realidad" existe, ciertamente no es posible captarla como un todo. Al común de la gente no le queda más remedio que construirse una realidad a la medida de sus experiencias (y neurosis) particulares. A un paranoico no le costará ningún esfuerzo fundamentar sus temores: la realidad da para eso y mucho más; pero también es cierto que es aún posible para muchos, aunque justamente no para todos, censurar en sus conciencias las monstruosidades cotidianas... siempre y cuando sucedan en la piel de los otros.

El divorcio entre arte de vanguardia y público

La brecha que se abrió en la época moderna entre arte y público puede ser atribuida a un cambio radical en el significado de la noción de "estética". Anteriormente se identificaba lo estético con lo bello; ahora, la estética constituye un sistema referencial cerrado frente al cual toda obra es un signo interdependiente e interrelacionado. La estética, en el sentido moderno del término, ya no tiene que ver con las categorías de lo bello y de lo feo, porque el arte ya no es más sublimación y referencia a un modelo de realidad externa, frente al cual todo el mundo estaría capacitado para confrontar y juzgar su correcta adecuación. En la medida en que la pintura intentaba traducir la realidad en términos legibles y autónomos —es decir, no subordinados a un sistema general de signos cuya clave estaría dada sólo a partir de un conocimiento absoluto del código— el espectador podía juzgar y disfrutar la obra sin gran esfuerzo.

Es innegable que la lectura de cualquier pintura en cualquier época requiere del conocimiento elemental de un código de representación y que, por tanto, aun la pintura más "realista" es aprehendida previa iniciación en su código; pero también es cierto que una vez captado el mecanismo formal de representación de una pintura "realista", es posible, si no juzgar, sí disfrutar cada obra por su fidelidad a un modelo tanto "natural" como representativo. La diferencia entre los modos tradicionales de producción y consumo de pinturas ligadas al modelo de "reproducción" del mundo externo y los modos de la modernidad estriba en que, mientras los primeros no demandaban una lectura contextual, los segundos la exigen como condición indispensable para la comprensión.

La estética moderna está basada en la relación compatible de cada signo (obra) con un sistema general de signos. Según Baudrillard, "el valor 'estético' connota la funcionalidad interna de un conjunto, califica el equilibrio (eventualmente móvil) de un sistema de signos". Esto es: la estética se funda en la comunicación interna de un código (especializado) en los que los signos se comunican entre sí y son ajenos a un referente externo que no se denota más. Y añade: "la estética no es, pues, ya un valor de estilo o contenido, no se refiere más que a la comunicación y al intercambio/signo". Si la estética era antes teoría de lo bello, actualmente se ha convertido en una teoría de la "compatibilidad generalizada entre los signos, de su coherencia interna (significante-significado) y de su sintaxis". Baudrillard concluye: "No es nada que tenga relación con el placer, con la belleza (o el horror) cuya característica es, inversamente, desprenderse de las exigencias racionales para volver a sumirnos en una infancia absoluta (no en una transparencia ideal, sino en la ambivalencia ilegible del deseo)".

La introducción de un cálculo racional, de una instancia sobredeterminante que rige el valor de cada pintura, conduce a un círculo perverso. La conversión de cada obra en segmento de un sistema general de signos obliga al creador a una retroalimentación puramente interna. De ahí que se produzca como resultado el llamado "ensimismamiento" del arte: ejercicio narcisista del código que se nutre de un puro intercambio de signos y de producción de connotaciones.

Frente a este fenómeno, el público se encuentra completamente desprotegido; su ignorancia del sofisticado juego sígnico lo coloca al márgen y le impide, no sólo hacer un juicio, sino, además, lo enajena del placer, del disfrute ingenuo de la obra de arte.

Esta descripción no indica la necesidad de un retorno al pasado, en una palabra, al realismo académico. Los cambios históricos no se conjuran con gestos nostálgicos. Señalar los mecanismos objetivos de un proceso como el que nos ocupa tiene una función crítica desde el acto mismo de desmontar, de des-construir una ideología de la estética, pero para ir más allá, hay que proponer alternativas. En la medida en que las revoluciones no se operan usualmente sobre un aspecto (el arte) separado del todo social, una auténtica alternativa no puede surgir bajo condiciones sociopolíticas inmóviles. El arte no es un discurso autónomo y separado, sino una "tuerca" del sistema general; y mientras que el espacio de las relaciones sociales no se vea revolucionado, el arte permanecerá atado, en términos generales, a estas relaciones. Sin embargo, lo más beneficioso para la reproducción de un sistema es una crítica resignada; así pues, mientras se espera el advenimiento de una "revolución total", se puede tratar de minar la omnipotencia de las reglas que rigen el discurso estético. ¿Cómo? Desestructurando su código, demandando un sentido más acá de su significado funcional en el sistema de signos; en otras palabras, exigiendo de cada pintura un sentido "segregable", un sentido que se exprese independientemente de su integración en un código especializado: una pintura que nos hable más de nuestro mundo que de su propia genealogía.

No se trata, de ningún modo, de rechazar toda obra que transgreda nuestras formas habituales de lectura; una verdadera experiencia poética viene precedida, por lo regular, de un desconcierto inicial, de un desasosiego primario. El esfuerzo por entender es una parte decisiva en la gratificación estética; y quien renuncia a asumir las dificultades de lectura bajo la coartada de una falta de transparencia, o sea, acusando *a priori* a la obra de hermetismo intencional, no estará preparado para hacer una auténtica crítica. La crítica es desarticulación, desconstrucción del código y, por tanto, su ejercicio implica un proceso escrupuloso de análisis.

Resumiendo, las alternativas disponibles consisten en:

a) Ignorar el juego intersígnico y disfrutar sólo de obras de fácil descodificación visual.

b) Contextualizar cada obra en un sistema general (móvil) de signos, previo dominio documentado del mismo y, a través de éste código, tasar sus méritos.

c) Poner en evidencia la naturaleza convencional de los juegos intersígnicos y hacer la crítica de las obras, previa desconstrucción de la teoría que sustenta el valor estético de éstas.

La primera opción desconoce al código; la segunda, lo toma como dado e inevitable; la tercera, lo pone en entredicho.

ACERCA DE LA OBJETIVIDAD DE LOS VALORES ESTÉTICOS

Baudrillard apunta que las necesidades no existen en estado natural, que lo que llamamos valor de uso no es sino la coartada ideológica del valor de cambio. Partiendo de este enunciado se puede abordar la estética para tratar de entender su carácter específico.

Se puede decir que la "finalidad sin fin" —como definía Kant la experiencia estética— no puede ser aplicada al arte de nuestro tiempo (si es que pudo haberlo sido en otro época). Si la noción misma de arte se carga históricamente de variadas connotaciones políticas, no es posible desprender el valor de uso del arte —el desinterés y la "finalidad sin fin" kantianos, condición esencial del juicio estético— de sus otras connotaciones valorativas: valor de cambio, valor de signo de prestigio, por ejemplo.

Si aceptamos que nuestras necesidades son "producidas", los valores estéticos serían igualmente la expresión no de una subjetividad (social) pura, sino también "producida".

Por otra parte, la estética como la moral son disciplinas normativas; tanto en una como en la otra es imposible demostrar su correpondencia objetiva. Consideramos moral aquella conducta útil en la salvaguarda de nuestras particulares formas de vida social. La moral se encuentra subordinada históricamente en función de la necesidad de equilibrar costos y beneficios en la buena marcha de un sistema social. El canibalismo es inmoral para una sociedad que ha resuelto su provisión de proteínas a través de medios menos problemáticos.

Nos encontramos educados para considerar que poseen una intención estética ciertos aspectos de nuestra cultura debido a su carácter "gratuito"; es decir, calificamos de estéticos a aquellos elementos del quehacer humano destinados básicamente a ser contemplados y que se desinteresan de una función práctica inmediata, o que poseen una "finalidad sin fin". Por supuesto que esta definición de lo estético es una definición histórica más, y que, por tanto, la gratuidad no es algo inherente al objeto, o siquiera a la intención con que está elaborado, sino a la perspectiva social e históricamente determinada que así lo define.

Por ejemplo, muchos elementos que originalmente pudieron tener una función mágica, hoy son apreciados como artísticos porque aparecen como gratuitos en sentido funcional. Una lanza primitiva "adornada" con dibujos abstractos aparece ante nuestros ojos como un objeto al que se le ha adherido a su función práctica una dimensión que no es útil en absoluto para la caza. Por tanto, lo que a los ojos de un espectador moderno es arte ("finalidad sin fin"), para el fabricante de este utensilio era verosímilmente necesidad práctica. Esto pudo ser así porque, a fin de cuentas, la magia en una sociedad primitiva equivale a nuestro concepto de tecnología: los conjuros mágicos son los medios "tecnológicos" con que las sociedades primitivas cuentan para influir sobre los hechos naturales.

Como vemos, cualquier discusión acerca de la estética debe comenzar por relativizar históricamente los valores estéticos. Ahora bien, ello no supone necesariamente que éstos posean una naturaleza absolutamente arbitraria. Si bien es cierto que existen mistificaciones que impiden que la historia social del arte (historia del gusto) corresponda con la historia del arte propiamente dicha, existe un área de aportaciones geniales que han logrado un amplio y considerable consenso tanto espacial como temporalmente. Esto quiere decir que, en la medida en que una obra de arte logra sobrevivir en cambiantes circunstancias y a través de sucesivas generaciones, se le adjudican cualidades que, aunque sea imposible de probar racional y lógicamente, permiten que se le considere como un modelo ideal de la estética. Más aún: si la obra genial llega a ser considerada un paradigma de la sublimación creativa para una gran parte de los hombres es porque ésta crea las reglas mediante las cuales es juzgada. Esta tautología en la que la obra de arte propone los criterios con que ha de ser juzgada es análoga a la tautología de las matemáticas. El arte, al igual que las matemáticas, no posee un referente objetivo que lo haga susceptible a una comprobación empírica; su "verdad" está dentro de él y no afuera. Por tanto, el arte no está en condiciones de ser juzgado sino a partir de las reglas que él mismo inventa; cualquier intento de juicio externo puede dar cuenta de su condicionamiento y efectos sociales y psicológicos, pero nunca podrá responder de la cualidad específica de lo estético.

Como los valores estéticos no pueden ser comprobados empíricamente mediante razonamientos (o conceptos, según Kant), su validez universal aparece como un asunto imposible de demostrar de una vez por todas. Si las normas del juicio derivan de la misma obra y no existen *a priori*, se deduce que los valores estéticos no pueden ser jamás re-conocidos sino solamente conocidos; esto es, no derivan de una especie de anamnesis platónica, o sea de una nostalgia de la forma original creada ex-nihilo, porque la obra de arte no es la expresión de valores y cánones que la precedan, sino que es ella misma la que se encarga de fundarlos.

Pero ¿cómo se puede distinguir entonces, en ausencia de una concepción apriorística de la sensibilidad estética, la obra que se denomina genial de la que no? Cuando se asigna a determinadas obras y determinados artistas un valor excelso, no se cuenta en principio más que con la pura intuición. Los primeros en darse cuenta de la calidad genial de una obra no pueden apoyar su juicio en el modo en que ésta se ajusta a un ideal poético preexistente, pues como vimos, la genialidad consiste precisamente en apartarse de las reglas y no en su cumplimiento perfecto. Así pues, el único modo en que una obra original hace reconocer sus méritos es generalmente mediante la extensión del fervor de los primeros en captar intuitivamente sus cualidades hacia una segunda capa de espectadores que, una vez advertidos, puedan corroborar personalmente y a través de su propia experiencia de la obra, los méritos destacados. En este sentido la obra de arte se impone como las religiones: mediante el apostolado de los primeros iniciados. La extensión geométrica del entusiasmo provocado por una obra a través de sucesivas capas de aficionados, a la vez que ubica a la obra en un lugar específico dentro de la constelación de la historia del arte, modifica a esta misma historia al imponerle una nueva legibilidad.

Sin embargo, no es la extensión espacial de la aceptación de una obra la que le da su lugar en la historia. La historia del arte no es la misma que la historia del gusto, y por más que sepamos que no existe una Historia del Arte en la que se unificarían todos los criterios, aceptamos no obstante como un postulado axiomático que existen unos artistas más grandes que otros y unas obras más importantes que otras en la formación de la historia de la sensibilidad estética.

Y ya que hablamos de sensibilidad histórica, podemos definir este término como un concepto que se encuentra entre el máximo y el mínimo de objetividad. En otras palabras, si no podemos probar que existen valores estéticos objetivos de los cuales las obras serían sólo aproximación, tampoco podemos contentarnos diciendo que nuestras preferencias estéticas son totalmente aleatorias y que, por tanto, es un accidente casual que veamos mayores méritos en la obra de Picasso que en la de Martha Chapa. Para explicar de algún modo por qué podemos juzgar y apreciar diferencias de calidad entre diferentes productos estéticos es necesario partir de una noción que suponga un fundamento "objetivo" aunque sea conceptualmente indemostrable. Este fundamento "objetivo" no puede ser enunciado *a priori*, pero puede formularse hipotéticamente como una subjetividad históricamente objetivable. Este concepto contradictorio incorporaría la antinomia básica de la estética:

su objetividad-subjetiva, adjudicando un carácter contingente y a la vez pertinente al valor estético.

Concretamente, la sensibilidad de una época produciría y sería al mismo tiempo producida por un conjunto de expresiones a través de las cuales se identificaría intuitivamente una capa restringida de conocedores por un lado; por el otro, estas mismas expresiones de algún modo afectarían también a todos aquellos que indirectamente y sin saber por qué, sentirían modificada su percepción poética del mundo. Los introductores de formas poéticas originales probarían su pertinencia cuando colorearan e influyeran no sólo a la élite sino a toda una serie de productores culturales secundarios.

Diríamos entonces que una obra de arte se pone a prueba en el modo en que influye directa e indirectamente sobre un conglomerado social. No todos los modos experimentales de hacer arte repercuten sobre la sociedad entera; muchos de ellos no traspasan el círculo limitado de una élite profesional; cuando esto sucede podemos sospechar que nos encontramos frente a un producto cuyas virtudes aparentes no son más que un juego de artificio o que han sido dolosamente encomiadas en razón de intereses extraestéticos, mediante, por ejemplo, la manipulación del circuito críticos-museos-galerías. Existe por otro lado una razón por la cual una obra de verdadera calidad artística se puede retrasar en ejercer una influencia más allá del culto de una élite; esto podría deberse a la presencia de profundas desigualdades sociales que impidieran a una comunidad desposeída de derechos en general, el acceso a la obra. Como estas dos situaciones poseen una apariencia semejante, pueden invitar a la confusión; no resulta fácil, pues, discernir inmediatamente en el arte de vanguardia aquellas obras que simplemente resultan difíciles de descodificar por su naturaleza y propuestas insólitas, pero que con el tiempo pueden revolucionar nuestra sensibilidad, de aquellas otras obras que transgreden gratuitamente los modos artísticos, sin trascender más allá de un escándalo —a veces saludable— hacia experiencias verdaderamente significativas que enriquezcan nuestra visión poética del mundo.

Todo cambio sustancial en la historia del arte provoca un cambio en la sensibilidad social. No es necesario que la gente común, que nunca va a una galería o museo, conozca la obra de Picasso para ser afectada por ésta. La imaginación plástica e iconográfica de Picasso ha penetrado, a estas alturas, en el código visual de la cultura popular. La televisión, el cine, los afiches, los comics y las ilustraciones de todo tipo se encuentran contaminados por la lección revolucionaria de Picasso. Y sin tener conciencia de este fenómeno, el gran público ha asimilado nuevas capacidades de descodificación de imágenes sintácticamente complejas.

Un modo de la estética que, tratándose de una sociedad más o menos democrática, no acaba incorporándose a la sensibilidad social es un experimento poético limitado. Como vimos, no es necesario que el producto del genio se transmita directamente al todo social, sino basta que una capa de intermediarios a diferentes niveles y en diferentes campos haga uso de la intuición genial del artista y la conduzca con éxito hacia un público mayor para que se confirme la potencialidad efectiva del hallazgo.

Podemos sintetizar lo dicho hasta ahora sugiriendo que la cualidad "objetiva" de un mensaje poético estriba en su "afinidad electiva" con una sensibilidad estética histórica y social (embrionaria), lo cual significaría, no que la obra de arte responde a una necesidad que la preexiste sino a una apertura de nuestros sentidos que ella se encarga de inaugurar creando, como decía Marx, no sólo un objeto para el sujeto sino, sobre todo, creando un sujeto para el objeto. O, dicho de otro modo, el arte evoluciona como la vida: mediante la supervivencia del más apto. Lo que sobrevive se ramifica y se reproduce en direcciones siempre imprevisibles pero ligado indefectiblemente a formas anteriores a las cuales prolonga.

Por supuesto que innumerables obras menores provocan la respuesta positiva de una parte importante de la sensibilidad colectiva, pero esto se debe la mayoría de las veces a que estas obras se aplican a vulgarizar las innovaciones halladas por otros artistas. El arte más vulgar es deudor, de algún modo, de los hallazgos que algún artista innovador en un momento y lugar dados produjo revolucionando nuestra sensibilidad estética; sobre este campo ya hollado de la sensibilidad se dirigen los artistas menores con garantías anticipadas de afectar con éxito variable a un público no enterado.

Sin embargo, nada nos autoriza a identificar los subproductos artísticos con la obra que los genera: existe a menudo una distancia insalvable entre una obra excepcional y las de sus epígonos. Por tanto, la brecha que se abre entre el gusto silvestre del gran público y el problemático ejercicio de lectura directa de la obra de un innovador seguirá persistiendo, a pesar de todos los intentos de vulgarizacion que se den.

Es necesaria la constatación aquí de que existe también un arte que "asciende" hacia la élite, junto con el ya mencionado que "desciende" del creador excepcional avalado por la celebridad y que se esparce al todo social. La genialidad de ningún modo puede estar confinada a los productos que conocemos y que los museos cuidan celosamente, tan celosamente como los nombres de sus autores; la genialidad —entendida como capacidad de innovar o transgredir los códigos tradicionales— es un atributo también de los estratos populares de la sociedad. Individual, grupal y anónimamente, el arte popular ha sido siempre una fuente nutricia del arte considerado con mayúsculas.

EL ARTE Y EL DON

Después del "Ensayo sobre el don" de Marcel Mauss se han intentado distintos acercamientos al tema del arte como "don". ¿Es posible un acercamiento pura y auténticamente estético al arte? ¿Existe tal posibilidad ahora? ¿Existió alguna vez? ¿Es posible un consumo no conspicuo, es decir, no distintivo de la obra de arte? ¿Se puede separar el valor conspicuo de la percepción estética? ¿Existe un más allá de la experiencia estética en donde el arte muestra su prístina verdad sólo a aquellos que se han despojado de sus vanos intereses socialmente mundanos? Estas y otras preguntas por el estilo constituirán el nudo de nuestra reflexión. Por lo general estos problemas no se han formulado con la suficiente claridad no solamente porque se trata de un asunto complejo sino porque su esclarecimiento resultaría inconveniente para los intereses de ciertos críticos y artistas.

Trataremos de abordar el problema aproximándonos sesgadamente al tomar como punto de partida los datos antropológicos conocidos acerca del don o del llamado *potlatch*.

Fue Marcel Mauss quien parece haber descrito por primera vez esta práctica de los pueblos "salvajes", mediante la cual se dilapida la riqueza acumulada de una sociedad, de un grupo o de un individuo en aras de un gesto magnánimo e improductivo. Es a partir de este fenómeno cultural que escritores como G. Bataille y J. Duvignaud entre otros, desarrollan tesis en las que el excedente pasa a ser el motor de la economía y no la escasez. Así pues, sería el gasto y no la acumulación el impulso básico, no sólo de economías primitivas sino que se encontraría oculto o disfrazado en economías avanzadas como la nuestra.

Según Bataille: "En la superficie del globo, en cuanto a la materia viviente en general, la energía siempre se halla en exceso, la cuestión se plantea siempre en términos de lujo, la opción queda limitada al modo de dilapidación de las riquezas". Y en otro lugar añade "...no es la necesidad sino su contrario, el 'lujo', lo que plantea a la materia viviente y al hombre sus problemas fundamentales".

El *potlatch* nunca puede ser disociado de una fiesta, bien porque el *potlatch* ocasionó la fiesta, bien porque tenga lugar con ocasión de ella. El *potlatch* excluye todo regateo y, en general, está constituido por un don considerable de riquezas que se ofrecen ostensiblemente con el fin de humillar, de desafiar y de obligar a un rival. El carácter de intercambio del don resulta del hecho de que el donatario, para evitar la humillación y aceptar el desafío, debe cumplir con la obligación contraída por él al aceptarlo respondiendo más tarde con un don más importante; es decir, que debe devolver con usura.

En otra palabras y según el mismo Bataille, "el *potlatch* es la constitución de una propiedad positiva de la pérdida —de la cual emanan la nobleza, el honor, el rango en la jerarquía— que da a esta institución su valor significativo". Desde este ángulo, el *potlatch* no parece diferenciarse en mucho del gasto suntuario en nuestras sociedades modernas. La búsqueda de prestigio como pivote del don convierte a éste en un medio más de consolidación de poder. Sin embargo, según Mauss, en las sociedades "salvajes" las ganancias en honores o en poder son efectos no queridos por la institución del *potlatch*. "El ideal, indica Mauss, sería dar un *potlatch* que no fuera devuelto", es decir, donar sin contrapartida posible.

Bataille ejemplifica esta donación sin contrapartida con la energía que el sol proporciona a todo organismo. Se trata de un don que no sólo no puede ser devuelto sino que es prodigado con exceso, de tal modo que a los organismos vivos no les queda otra cosa que gastar improductivamente el exceso de energía.

MODALIDADES DE CONSUMO CONSPICUO DEL ARTE

Después de esta somera descripción del don en las sociedades "primitivas", podemos señalar su conexión con el tema que nos concierne ahora: la posibilidad práctica de una producción y consumo de arte que se efectúe·en forma de don, es decir, como disfrute puro sin esperar consciente o inconscientemente un beneficio secundario.

En nuestros días la producción, circulación y consumo de arte se presenta como un fenómeno compacto cuya complejidad es sumamente difícil de desmontar. No se puede hablar de producción sin hacer referencia al consumo, ni de consumo si no se habla de modos de circulación. Por tanto, los que producen como los que consumen arte se hallan presos en un intrincada red de implicaciones sociales tal que el concepto de autonomía queda puesto en cuestión.

Teóricamente la contemplación pura del arte debería efectuarse sin atender los beneficios sociales secundarios, o sea, sin atender a la constitución de una imagen socialmente distintiva mediante nuestras preferencias estéticas. El hecho es que, por ejemplo, un espectador culto difícilmente puede evitar que se mezcle en su goce de la obra de arte la gratificación estética con la satisfacción de estar incorporándose, de estar ascendiendo —cuando menos en autoestima— a más altos niveles de sensibilidad. Es significativo que solamos referirnos a estos momentos de encuentro feliz con una nueva experiencia y un nuevo goce estético como si se tratase de un enriquecimiento. Nos enriquece algo porque nos gusta; pero, al mismo tiempo, nos gusta porque nos enriquece.

Sin embargo no es tan sencillo afirmar que en general
no es posible el goce desinteresado del arte sin, a la vez,
constatar que existen diferencias significativas en los modos
de producir y consumir arte. Por ejemplo, ante el sentido
común aparece como radical la diferencia entre un espectador que asiste a un museo y se pasa horas ante un cuadro
extasiándose, y otro que asiste a una galería a comprar un
cuadro para colgarlo en su sala y que se preocupa de que
la obra posea una firma reconocida que le permita mos-
trarla con orgullo a sus conocidos.

Estamos en presencia de dos actitudes en apariencia dia-
metralmente opuestas. Por un lado, el espectador atento a
los signos plásticos; por el otro, uno atento a los símbolos
de prestigio social. Desafortunadamente, en estos casos
nuestros juicios se precipitan urgidos por solucionar desde
un punto de vista moral un problema que debe ser resuelto de modo objetivo y sin prejuicios éticos.

Lo más fácil en este caso sería condenar a los "malos"
espectadores y elogiar a los "buenos". Pero, desde el ángulo que contemplamos este fenómeno, no podemos contentarnos con recomendar la manera adecuada de ver arte (si
es que la hay). Se trata de un conflicto en el que se plantea
al arte como un hecho determinado socialmente y por tanto a su producción y consumo como producción y consumo de lo social y no como mero acto psicológico individual.

Si se puede decir que todo consumo nos cambia como
sujetos, se puede aceptar entonces que estos cambios, aunque en diferentes sentidos, tienden todos a satisfacer un
deseo o a promovernos en alguna dirección. El que compra un cuadro para mejorar su status frente al mundo social al cual él se dirige es semejante en más de un modo a
quien estudia a fondo una obra y que voluntariamente o
no, al hacerse de una cultura más amplia, modifica positivamente ante sus propios ojos y/o ante los de su comunidad intelectual su imagen personal.

Lo que estamos acostumbrados a señalar como "frívolo"

no estaría calificando más que un consumo despreocupado de ciertos valores de la obra pero atento a otros no menos inherentes a ella. La acusación de frivolidad se originaría además desde la óptica de un espectador atento igualmente a ciertos valores intelectuales que él sobrevalora porque son esenciales a su rol y necesidades sociales.

LA "FINALIDAD SIN FIN" DEL ARTE

Ahora bien, podríamos llamar intereses ilícitos a aquellos que esperan más allá de la obra un beneficio, y lícita a la mirada que ve únicamente a la obra y nada más. Pero se podría ver la obra y solamente la obra si no existiese ninguna contrapartida, es decir, cuando no hubiese ningún beneficio social, es decir, cuando se viviera fuera de la sociedad. Sin embargo, si queremos ser objetivos no existe un solo acto de cultura que no implique o ratifique un ordenamiento jerárquico. El arte ha tenido hasta ahora un lugar privilegiado en cuanto a que sólo él parece tener la potencialidad de convertirse en un acto gratuito. La "finalidad sin fin", como definía Kant al arte, ha sido hasta hoy un postulado casi indiscutido de toda estética.

El arte se nos presenta en principio como un gesto de donación. Se trata de una actividad improductiva pues tiende a satisfacer demandas "secundarias" que en principio él mismo crea. La necesidad del arte es, en todo caso, necesidad del gasto, del consumo-consumición de que nos habla Bataille refiriéndose a todo gasto improductivo. El arte es derroche de esfuerzo, dilapidación de un tiempo robado al de la producción. El arte aparece como un añadido a las cosas, como suntuosa superfluidad. Pero, al mismo tiempo, su carácter prescindible lo coloca en una posición privilegiada, pues si existe es por un mero acto de la libre voluntad del hombre que escapa así al reino de la necesidad. El arte se muestra, pues, como el paradigma de la libertad.

Pero, para definir el arte en los términos expuestos arriba, es necesario despojarlo de esta dimensión significativa que implica su metabolización y conversión de "cosa" en instrumento. La producción y consumo de arte sería realmente gratuito a condición de que significara destrucción del objeto artístico por un lado y destrucción de la experiencia subjetiva por el otro. En cierto modo, si se quisiera hipotetizar sobre un posible modo de consumo no conspicuo del arte sería aquel que una vez efectuado no quedaran de él ni restos de la obra ni conciencia de la experiencia vivida.

Solamente un acto que escape a la esfera de lo social puede ser plenamente gratuito, pero todo hecho cultural implica necesariamente la existencia de una sociedad. Esto significa que no sería posible describir ningún acto concreto de esta clase sin que su descripción lo rescatase del anonimato y del olvido devolviéndole un valor socialmente útil.

El "lujo" y la "necesidad"

Cuando Bataille mismo opone el "lujo" a la necesidad está, a pesar del entrecomillado, incurriendo en una afirmación bastante problemática. ¿Qué es el "lujo" y qué es la necesidad? La ausencia de rigor en el análisis tiende a separar por un lado lo esencialmente necesario y, por el otro, coloca lo prescindible. Sin embargo, ésta es una falacia biológica porque quien decide lo que es necesario no es un cuerpo puramente biológico, sino un cuerpo social. Separar qué es necesario a una sociedad y qué no, es una operación que resulta arbitraria, sobre todo si se hace desde otro universo social.

¿Es un "lujo" para un asalariado gastarse los ahorros de un año para festejar los quince años de su hija? ¿Es la fiesta en general un acto gratuito? Si concebimos al hombre como el resultado de una superación de la animalidad biológica, entonces sus necesidades no podrán ser definidas más en términos biológicos, sino sólo en el contexto de lo social. Esto no significa que el hombre al elevarse sobre su fisiología alcance por ello automáticamente el rango de libertad incondicionada. La libertad del hombre que lo aleja de la dependencia ciega a sus instintos lo arroja, al mismo tiempo, a una dependencia igualmente dominante: la de la sociedad.

Jean Duvignaud se empeña en su libro *El sacrificio inútil* en demostrar que se pueden dar y efectivamente se dan en nuestros días gestos de donación sin contrapartida. Los ejemplos a los que recurre Duvignaud son de casos en los que hay nada que dar, salvo esa nada.

Duvignaud viaja hasta Marruecos para describir una especie de orgía extática donde los individuos que la integran se abandonan en un trance intenso que tiende a desintegrar el rol social de los participantes, incorporándolos en un acto de subversión del orden institucional. En otra parte de su libro describe Duvignaud una procesión a la basílica de Guadalupe y concluye de sus observaciones que las donaciones que hacen a la Virgen toda esta gente modesta, llena de devoción y sin recursos es la ofrenda de una nada. Se trata, sin embargo, de "dar sin razón, dar esa nada que se es o que se tiene".

Por otra parte, para Duvignaud el "despilfarro" de la riqueza operado por el *potlatch* no es tal sino a los ojos de la razón occidental, preocupada por encasillar en sus categoría morales y económicas la conducta de los pueblos "salvajes".

Como vemos, lo que tratan tanto Duvignaud como Bataille es hacer la crítica de nuestras sociedades a partir de nociones y ejemplos etnológicos que muestren que el intercambio fundado en cálculo y el beneficio tiene su contraparte en la práctica "primitiva" del don y la destrucción intencional de valor.

Sin embargo, tanto Bataille como Duvignaud se encuentran en un error. El valor de uso es —como lo señalaba Baudrillard— únicamente la coartada del valor de cambio. Una vez eliminado el valor de cambio —su equivalencia en otras mercancías, o su capacidad generadora de honor y prestigio— no queda nada del objeto. La "autenticidad" de los valores estéticos, la cualidad "puramente" estética de la obra de arte no es sino un mito romántico en el mejor de los casos. La emoción que produce el arte no es, por supuesto, una pseudoemoción. La imposibilidad de lo estético en estado puro no obstaculiza la sensibilidad sino suele fomentarla. No es indispensable que el arte se presente en su "prístina esencia" para que el espectador se conmueva. La emoción no es ajena a las relaciones sociales; la alegría o la tristeza son emociones y gestos aprendidos. Tómese en cuenta que a través del catálogo de las emociones el arte puede ser traducido y vivenciado como pura subjetividad y que, adicionalmente, a través de él se puede expresar sutilmente nuestra adhesión ferviente y solidaria a la entidad social que deseemos.

La emoción como producto cultural

Si sé de qué ríes o de qué lloras sabré quién eres. Nuestras emociones se encuentran usualmente encadenadas al espacio que ocupamos en el universo social. Nuestros sentimientos más que nuestro lenguaje delatan nuestra procedencia. Ni siquiera nuestros vestidos o nuestras viviendas pueden expresar tan elocuentemente lo que somos como lo espontáneo de nuestras emociones. El arte es el instrumento más sofisticado y eficaz para producir emociones. Sin embargo, sólo se emociona quien busca emocionarse. El arte es seducción, no rapto —como decía Susan Sontag— y esto significa también que nos dejamos seducir sólo por aquellos objetos que previamente consideramos dignos de seducirnos. El arte "barato" es aquel que no nos llega al precio de nuestra educación estética. No podemos admirar un objeto que está al alcance del gusto de la gente que consideramos inferior a nosotros; y cuando esto sucede, una vaga incomodidad nos indica que algo anda mal, en ellos, o en nosotros, o en la obra.

Evidentemente, el gusto no responde automáticamente a nuestra posición social, pero no cabe duda que se compone de lo que hemos sido y de lo que queremos ser; nos dice de dónde venimos y hacia dónde queremos ir. En el gusto está nuestra arqueología pero también nuestras aspiraciones. A través del desarrollo del gusto los individuos aspiran a una respetabilidad social ascendente. Para el nuevo rico, aquel que ha consolidado ya su posición económica, le resta aún adecuar su cultura a su nuevo estado. El nuevo rico desea ser aceptado y no solamente tolerado, por lo que se ve obligado a adoptar los gustos y las aficiones de quienes llegaron antes que él. En el proceso de reeducación el nuevo rico empieza simulando: adopta nuevos modelos y paradigmas del buen gusto sin mucha convicción. Al cabo de un tiempo, empero, esta máscara acabará convirtiéndose en una segunda piel. La distinción entre conveniencia y real placer se irá poco a poco disolviendo. Al final (si es que existe un final) la necesidad social de ser aceptado, de ser reconocido como par entre los ricos de abolengo y el goce "espontáneo" frente a ciertos productos selectos de la cultura se convierte en un solo movimiento.

De este ejemplo se desprende que hay que aprender a desconfiar de la mirada "auténtica", pues ésta existe sólo en la ficción de la teoría. En la práctica no existe más que la mirada socializada. Es decir, los valores estéticos se encuentran siempre mediados por una mirada intencionada que halla en estos valores una confirmación de lo que la intuición o el interés subjetivo busca en ellos, y que, independientemente del disfrute que proporciona el objeto estético, o más bien, como parte constituyente de este disfrute, lo que los sujetos hacen es reafirmarse socialmente mediante una placentera coartada.

ARTE MODERNO, OPACIDAD E INTERÉS

No es casual que en nuestros días el arte haya llegado a la renuncia de proporcionar placer simplemente. El arte moderno se encamina precisamente en sentido contrario: a volver problemático el disfrute o hasta anularlo, como cuando se dirige a la pura inteligencia del espectador. Y si bien es cierto que hay una forma de placer en la resolución de un problema intelectual, este placer no se distingue ya del que proporcionaría un problema científico. El arte actual remite al espectador ya no a la emoción y al sentimiento sino al hermetismo de códigos accesibles sólo a unos pocos privilegiados que poseen la clave. De ahí que entre el arte moderno y el público se haya hecho un enorme vacío que la crítica especializada intenta vanamente llenar. Los "verdaderos valores estéticos" no son a fin de cuentas otra cosa que la lectura que hace de la obra de arte el ojo gremial de los críticos.

El hecho es que tal estado de cosas deriva en gran parte de un afán de exclusividad nada ajeno a las razones que hemos estado exponiendo: necesidad de una distinción social que permita recrear constantemente las divisiones jerárquicas. El gusto por lo selecto no puede ser accesible a cualquiera. La democracia no puede operar en el arte sin al mismo tiempo atentar contra lo esencial de su carácter moderno: su opacidad deliberada en función de una transgresión incansable de todas sus premisas. Fin y necesidad, no del arte, sino de sus productores y consumidores en una etapa histórica precisa.

Si en algún momento se pensó que el arte podía ser una finalidad sin fin, un don, un *potlatch* arrojado y sacrificado sin contrapartida alguna, esta ilusión se estrella contra la cruda realidad de un arte que ha sido contaminado por el interés mercantil de forma más acentuada que muchos otros productos de la cultura que jamás reclamaron ser actos del espíritu. Actualmente un pintor no puede dejar de sentir desde el momento de empezar a pintar un cuadro que su acción es un acto de adjudicación de valor a materiales deleznables. Con cada pincelada siente que avanza en la solución de un problema abstracto y que concierne a la esfera de lo "espiritual"; pero sabe, sobre todo, que está dotando de valor a lo que sin su participación sería sólo un montón disperso de materiales inútiles. El mito de la finalidad sin fin del arte nunca se reveló tan quimérico como en nuestros días y sin embargo no podía ser de otro modo: el arte no puede escapar a las determinaciones sociales porque nada escapa. Al menos nada que se convierta en institución puede dejar de obedecer las reglas que rigen al todo social. Los artistas suelen ilusionarse acerca de poseer una suerte de autonomía y en efecto, no se afirma que el arte sea el resultado solamente de influencias que le vienen del exterior sino que se cree responde igualmente a éstas, modificándolas. Pero esto no lo hace solamente el artista sino todo átomo social, pues la sociedad es el resultado, precisamente, de la interacción de todos los elementos que la componen.

LA LIBERTAD DE LO INCONSCIENTE

Con desmontar los engranes del mecanismo del arte no se pretende efectuar un acto de ostentación iconoclasta. Lo que se intenta aquí no es proponer un mensaje subversivo que arrebate al arte su supuesta máscara hipócrita; eso sería moralizar, lo cual no es la finalidad de este texto. Lo que sí se puede intentar aquí es la desmitologización de la presunta existencia de un espacio periférico en el que la voluntad escaparía del rigor de las normas (cuando parece escapar no es sino para obedecer otras normas que desconocemos y que por nuestra ignorancia interpretamos como un acto de libertad). Los únicos actos factibles de repercutir son aquellos que no se dan en el vacío, en lo incomunicable, sino que derivan su consistencia de la significación que le da su entorno humano. El arte es una de tantas experiencias que los hombres crearon para hacerse la ilusión de vivir lo incondicionado y para experimentar en la vida real la ebria liberación que se les sugiere reticentemente en los secretos rincones de sus sueños. Pero la realidad se encarga insolentemente de anular nuestra libertad al impregnar de razón todos nuestros actos; razón, que está por demás decir, se halla ausente sólo en el único espacio periférico posible: el de los sueños y el de la locura.

Toda proclama revolucionaria se formula siempre con la evocación de un tiempo o un espacio perdidos, con categorías marginadas, extraviadas en la historia y que sólo en el momento presente cobran sentido. Marx y Engels adujeron la existencia de un comunismo primitivo prehistórico en defensa de sus tesis revolucionarias. Bataille, Duvignaud y el mismo Baudrillard insisten en la posibilidad de un mundo regido por el don, en el cual el valor quede anulado: dar no para ganar sino para perder. Un dar sin retribución. Renuncia de todo usufructo, de toda utilidad. Este mundo imaginado no deja de ser una bella figura poética y, en el mejor de los casos, una referencia utópica frente a la cual nuestra realidad revela su grosera naturaleza.

No toda libertad es ilusoria en el arte. Efectivamente, el artista y el espectador pueden vivir en el proceso artístico una experiencia de libertad en la medida en que sus objetivos no son del todo conscientes. Si postulamos un espacio de libertad en los sueños es porque en este espacio actúa la inconsciencia con su impulso hacia la liberación de la represión impuesta por la conciencia diurna. Del mismo modo, en el arte se da la irrupción de pasiones y deseos que agrietan el carácter institucional de la conciencia imponiendo su impronta anárquica sobre el esquema ordenado de los lenguajes convencionales. Esto significa, en síntesis, que probablemente la única posibilidad de existencia de un "valor de uso" en el arte es la derivada de una producción y un consumo ignorantes de ser producción y consumo de arte.

La crítica y la adjudicación de valores

Lo que usualmente se entiende como valores intrínsecos del arte no es otra cosa que los valores adjudicados "casualmente" por el estrato "educado" de la sociedad. Estos valores son los que consolidan, de paso, el prestigio de las capas intelectuales frente a los demás estratos sociales. La importancia de legitimar como auténticos valores estéticos los derivados de la lectura de la obra de arte hecha por los "educados" tiende a afirmar la posición social de éstos. De hecho, los intelectuales oponen al poder económico sus modelos de vida operando, usualmente con éxito, una influencia nada despreciable. El prestigio de los modelos culturales de vocación intelectual actúan sobre la estructura económica y social en general proporcionando paradigmas de conducta.

No es casual que los intelectuales se hayan comprometido a menudo con movimientos liberales y aun revolucionarios. Las razones de este compromisno no se deben tanto a una empatía con las clases desposeídas sino primordialmente por su específica rivalidad hacia las clases adineradas que sin poseer mayor "mérito" a los ojos de los intelectuales poseen sin embargo un conjunto de privilegios y formas de poder desproporcionadas.

La revolución pondría en el lugar que se merecen a cada uno de los estratos sociales. El estrato que posee el "monopolio" de la cultura ocuparía el lugar que se merece en la nueva sociedad. En cierta manera, con esta idea se actualiza la propuesta que planteaba desde hace ya 2500 años el mismo Platón en *La República* en donde indica que los más idóneos para el mando son los sabios, es decir, los filósofos.

Si se quisiera encontrar un denominador común entre los intereses enfrentados de los intelectuales y los de la burocracia política y la burguesía (en esta pugna las demás clases son meros espectadores), ese denominador común sería la voluntad de poder. El dinero, la política y el saber son formas alternativas del poder. Por distintos caminos el burgués, el político, el intelectual y los artistas buscan reconstruir la sociedad en función de sus propios modelos e intereses.

Y sin embargo, como se dijo antes, existe un lugar en el arte en donde todo intento racional fracasa. Tanto artistas como público acceden a este espacio sin decidirlo y sin esperarlo y es ahí donde se opera una comunicación intraducible a conceptos y remotamente reductible a lo dado. La "promesa de felicidad" de la que habla Stendhal y que señala la utopía a la que apuntan las más acabadas obras de arte no puede ser explicada únicamente en términos de una voluntad de poder, aunque pueda ser en parte deudora de esta aspiración latente. Otras deben ser las causas de la inagotabilidad de ciertas formas artísticas que resisten a las oscilaciones de las ideologías y superan las veleidades de apropiación sectaria.

La realidad como espejo del genio

La "irracionalidad" del arte es como la del sueño: una racionalidad *sui generis*. Tanto el sueño como el arte operan con múltiples niveles de significación porque no nacen de determinaciones sociales puras sino que interviene en ellos un sujeto siempre singular cuya biografía, a pesar de insertarse en una cultura homegeneizada por poderosos medios de comunicación, sigue siendo única. Esta unicidad deriva de factores genéticos tanto como existenciales irrepetibles. Y dentro del orden social este elemento de anarquía produce las condiciones necesarias para la renovación de la cultura.

Como lo señalaba agudamente Oscar Wilde, no son las sociedades en abstracto las que producen el arte o siquiera a sus propios mitos, sino hombres singulares a través de su particular sensibilidad y genio. La sociedad se identificará posteriormente con estas imágenes poéticas y hará de ellas su paradigma cultural. Frente a este enunciado crudo y socarrón, los sociólogos e historiadores del arte pueden escandalizarse porque pone de cabeza su esquema fundamental del arte como reflejo de la sociedad y no a la inversa como lo propone Wilde. Aun así, sólo los más dogmáticos pueden dejar de reconocer que las condiciones sociales no pueden producir por sí mismas más que condiciones sociales y nada más. Son los individuos particulares los que hacen de esas condiciones otra cosa, un más allá impredecible y que, sintomáticamente se vuelve explicable solamente *a posteriori.*

Lo que hace que el arte sea algo más que un producto de las circunstancias sociales es el componente de la obra no programado deliberadamente. Todo artista se expresa siempre en dos niveles: uno, el de la conciencia; en este nivel su ubicación social, su formación académica, tanto como su ideología influyen en los resultados. Sin embargo, en un segundo nivel, el de la inconsciencia, actúan un conjunto de impulsos cuya matriz es un deseo arcaico remotamente localizable. Las más inexplicables intuiciones del genio y del poeta nada se aclaran a través de los esquemas explicativos de la sociología y aun de la misma psicología, pues aquéllas son precisamente lo impredecible.

El genio es quien, al desacatar la regla, produce una nueva posibilidad de lectura del mundo. Esta nueva forma de leer el mundo, una vez atisbada por el poeta, aparece como orgánicamente ligada a la realidad; como si lo que hubiera hecho el poeta sólo fuese levantar el velo que la cubría.

Esta aparente relación orgánica entre arte y realidad produce la ilusión de que el primero surge de la segunda como derivación especular. Esto es falso; lo que sucede en verdad es que ningún objeto o acontecimiento es percibido si no es antes traducido a cualquiera de los códigos que manejan los hombres y que constituyen matrices de significación. Por tanto, las convenciones lingüísticas a través de las cuales establecemos una relación con el mundo son "arbitrarias" interpretaciones que por su seductora forma adoptamos como necesarias, olvidando su origen contingente.

ESTÉTICA Y UTOPÍA

Y si hemos dicho que la gratificación que se recibe en la experiencia estética viene ligada a una voluntad de poder hay que añadir que el afecto es una fuerza igualmente vigorizadora. Ser amado es sentirse fuerte, ser de algún modo capaz de moldear mansamente el mundo de acuerdo a nuestros deseos. No toda voluntad de poder se funda en el afecto, en cambio, todo afecto es fuente de poder. Cuando se es amado, por ejemplo, la realidad adopta una dúctil flexibilidad. Solamente cuando alguien se siente incapaz de ser amado se ve obligado a moldear la realidad con violencia. La violación de la voluntad del otro es la alternativa del afecto impotente.

Aquí surgen dos matices en nuestra relación con el arte. Se puede usar el arte como un método "violento" de hacer reconocer a los demás nuestra singular importancia. O, también podemos buscar ser reconocidos por la mera fuerza seductora de nuestras preferencias selectas. En el primer caso, imponemos nuestra importancia; en el segundo, sólo la sugerimos.

Podemos encontrar en un destacado miembro de la Escuela de Frankfurt una pronunciación semejante: "La satisfacción realmente sentida por el hombre —escribió Adorno— no puede separarse del consumo conspicuo. No hay felicidad que no prometa cumplimiento al deseo constituido socialmente". Para Adorno, sin embargo, incluso el deseo "distorsionado" de reconocimiento contenía un elemento crítico en su exigencia, en primer término, de felicidad real, y segundo, en su reconocimiento de que una condición semejante necesariamente incluía un componente social. Según Adorno, el consumo, aunque conspicuo, significa todavía una forma de protesta social.

En general, para la Escuela de Frankfurt —Adorno, Marcuse, Horkheimer, etc.— en tanto se vive en una sociedad alienada el arte no puede hacer, en el mejor de los casos, sino reflejar las contradicciones. Para cada utopía revolucionaria existe un pasado y un futuro en donde al arte fue y será felicidad pura. Es decir, en una sociedad armónica y justa el arte revela su autenticidad, por el momento vislumbrable sólo en los intersticios. Esta imagen ideal del arte es deudora de un sentimiento de nostalgia uterina. Una patológica esperanza de recuperación del objeto perdido; de un objeto que existió en algún lugar, en algún momento y que se encuentra temporalmente extraviado. Y que de no ser por las aviesas conspiraciones de los anónimos señores del poder resplandecería en su prístina verdad. Este no es sin embargo un sueño inocuo; la estética está fundada precisamente sobre esta premisa utópica y sin ella no tendría ningún sentido cualquier discurso teórico sobre el arte. De aceptarse explícitamente la "conspicuidad" de todo consumo, la teoría del arte se reduciría a un catálogo de los modos y motivaciones subjetivas del gusto y se acabaría con toda posibilidad de enunciación de valores objetivos. Epicuro decía que en la amistad existía un componente de interés que debía de considerarse positivo. La amistad —decía— nació de la utilidad; pero es un bien por sí misma. El amigo no es quien busca siempre lo útil, ni quien no lo une nunca a la amistad, ya que el primero considera a la amistad como un tráfico de ventajas y el segundo destruye la confiada esperanza de ayuda que constituye gran parte de la amistad.

El consumo del arte puede definirse como Epicuro definía a la amistad. El arte nos proporciona una gratificación que nunca se separa de la utilidad. Pero, como en el caso de la amistad, la utilidad no implica contaminación sino condición esencial del arte.

No existe un sujeto puro, ni existe tampoco un objeto puro. La imposibilidad de captar al objeto estético en estado "puro" no se debe únicamente a una incapacidad del sujeto, sino a la imposibilidad misma de la existencia de un objeto creado al margen de cualquier tipo de utilidad. La obra de arte es objetivación del hombre y el hombre es, como decía Ortega y Gasset, él y su circunstancia. El hombre no puede hacer algo gratuito sino involuntariamente. Todo acto de voluntad es un acto de interés en algún sentido. Cuando el hombre da, al mismo tiempo recibe. No existe don sin gratificación. Es la clase de gratificación la que califica socialmente la nobleza o perfidia de un don. Se concluye, pues, que el único don sin reciprocidad posible es un don amoral.

Y sin embargo, negar toda posibilidad de una donación sin contrapartida es, después de todo, saturar de razón al mundo. No dejar un espacio en donde el hombre se pueda librar del intercambio utilitario, es no sólo desconsolador, sino sobre todo un acto de conformista sometimiento a lo dado.

El amor inconspicuo

Existe un campo del espíritu que en principio nos impide generalizar absolutamente la imposibilidad de una donación sin recompensa, de una gratificación derivada de un dar sin recibir; este lugar es el acto de amar.

El que ama auténticamente no espera nada del amado más que se deje amar. La reciprocidad no es condición indispensable del amor; y si es cierto que el éxtasis amoroso se alcanza cuando hay correspondencia, aun así, amar intensamente no presupone necesariamente una retribución de afecto.

El amor sí puede escapar a las leyes de intercambio sin menoscabar la ética. A diferencia del sufrimiento, el amor no tiene que ser justo, equitativo. El amor se dispensa sin razón y sin obligación. Cada quien puede elegir libremente a quién y cuánto amarlo. Se puede amar lo mismo a quien nos hace felices o a quien nos hace sufrir; a quien nos quiere y a quien nos detesta. Si existe un don sin contrapartida, éste debe ser otorgado caprichosamente. Distribuir el amor sólo entre quienes nos aman es caer de nuevo en el círculo del intercambio de dones. El santo que todo lo da sin exigir nada a cambio satisface una necesidad psicológica, es cierto, pero al gratificarse no está intercambiando nada sino sublimando su don. El más alto nivel de "sacrificio inútil", sin embargo, sólo podrían alcanzarlo aquellos que arriesgaran todo por alguien sin que éste ni nadie se enterara. Ayudar a alguien sin que nadie lo sepa es renunciar a toda "ganancia"; es hacer el acto inconspicuo por excelencia.

Este desprendimiento es el más alto ideal de la ética, pero lo es también de la estética: un acto de amor puro aislado de la mirada del mundo. Sin embargo, aun así, el mundo seguiría existiendo pero ya como pura subjetividad. En todo caso, ya no es el mundo de la acción sino sólo aquel que ha sido internalizado y que es el responsable de nuestro goce espiritual. Así que, si existe un modo de escapar a la conspicuidad es convirtiéndola en un puro valor interno. Ésta es la más alta pureza a que podemos aspirar, pero ¿cómo alcanzar la plenitud en un acto de amor que no es compartido? La gran fuerza del amor no nace únicamente del interior sino que se toma de los otros. La exaltación amorosa presupone cuando menos un testigo. La felicidad intensa que se deriva del amor demanda expandirse, pues de otro modo puede convertirse en su contrario, en una frustrante pena.

Cuando alcanzamos la más alta cota de pureza en el acto de amor, hemos pues de cercenarla. No se puede al mismo tiempo lograr un acto de amor puro y desinteresado y compartirlo con los demás.

EL ARTE: SOLUCIÓN DE UN CONFLICTO

Señala Paul Ricoeur que las obras de arte "son creaciones, en la medida en que ya no son simples proyecciones de los conflictos del artista, sino el esbozo de una solución. El sueño vuelve la vista hacia atrás, hacia la infancia, hacia el pasado; la obra de arte se adelanta al propio artista: es un símbolo prospectivo de la síntesis personal y del porvenir del hombre, más bien que un síntoma regresivo de sus conflictos no resueltos".

Una obra fallida sería aquella en la que se mostrara un conflicto pero en la que no se le diera solución. La obra de arte es siempre conflicto y respuesta a este conflicto. Nuestro desagrado frente a una obra defectuosa obedece a la decepción de estar frente a un problema no resuelto, o mal resuelto.

El interés de considerar a la obra de arte como el planteamiento de un conflicto nos lleva a una serie de interrogaciones. Una de éstas es la que se refiere a las consecuencias modificantes que implica (o no implica) toda creación. Las modificaciones que se pueden dar o no dar, por un lado, en quien crea la obra y, por el otro, en quien la consume.

En el primero de los casos, es evidente que en la medida en que un artista posee la capacidad de plantear un problema y resolverlo simultáneamente, está progresando, no solamente en el conocimiento de sí mismo (escribir nos ayuda a saber lo que sabemos —decía Goethe), sino que está modificando también su concepción del mundo, tanto como ampliando su comprensión del arte. Para el artista, la creación es un proceso no solamente reflexivo sino, al mismo tiempo, proyectivo; no sólo es mirada hacia el pasado —como dice Ricoeur— sino lanzamiento hacia adelante. En cada paso del proceso creativo, el artista tiene que explorar las distintas posibilidades de desarrollo de la obra; al tiempo que va formulando problemas les va dando respuesta (desde el momento mismo de pararse frente a un lienzo blanco existe ya un desafío a responder). La vivencia del tiempo de creación es muy distinta a la contemplación de la obra terminada, pues en ella no aparecen las vacilaciones, las renuncias, los rodeos que el artista tuvo que dar en el transcurso de su elaboración. Por tanto, la verdad subjetiva de la obra no podrá ser rescatada por ningún espectador, por más que se esfuerce. Las vivencias específicas del momento creativo no son recuperables, ni siquiera para el mismo artista una vez terminada la obra; y es curioso que, principalmente en aquellos aspectos en los que, a juicio del artista, no se dio una solución óptima, persiste una vinculación fuertemente afectiva: paradójicamente, es en las deficiencias donde el artista sigue más emocionalmente atado a la obra. Esto se explica porque las deficiencias son tensiones dolorosas derivadas de conflictos no resueltos, de intenciones abortadas.

La experiencia del espectador frente a una obra de arte acabada es harto diferente. Si la obra ha resuelto adecuadamente los conflictos que planteó, el ·espectador percibe de un solo golpe el conflicto y su solución, produciendo, por tanto, la impresión de inexistencia de problema alguno: esto tiene por resultado un efecto apaciguador. Si para el artista la obra puede ser muchas cosas distintas —porque también pudieron haber sido distintos los problemas a resolver— el espectador no tiene en absoluto conciencia de ello; éste tiene ante sí una realidad ya "editada": determinadas preguntas con sus respectivas respuestas, el resto, lo que no aparece, de lo que no quedan huellas, no puede afectarlo.

Si aceptamos esta tesis, nos veremos confrontados con otro problema ya de suyo polémico: ¿Puede una obra de arte que pregunta y responde al mismo tiempo, inquietar al espectador, movilizarlo? Es decir, si consideramos que una obra de arte lograda implica el planteamiento de un conflicto y su solución, esto supone que el espectador se sentirá gratificado y confortado ante la percepción de una armonía preestablecida en la que él no contribuye sino contemplativamente, ajeno y ausente de las tensiones que se suscitaron en el proceso. Esta imposibilidad de estar presente en el proceso —no afuera, sino adentro del artista— es la razón determinante que impide que se pueda dar fácilmente algo más que un goce estético pasivo.

Luego, pues, la dificultad de crear un arte subversivo es inherente a la necesidad que tiene todo arte de no dejar pregunta sin respuesta, pues con ello dirige al espectador el mensaje de que no existe problema alguno. Por otra parte, la obra que responde inadecuadamente a las preguntas que ella misma se hace, podría suscitar una participación mayor en el espectador y, de hecho, la suscita —ya vimos que el lazo más fuerte que perdura entre un artista y su obra "terminada" está en las falsas respuestas. Pero, una obra que no responde apropiadamente a sus premisas, al mismo tiempo que activa nuestra participación crítica, nos induce hacia el rechazo de la obra como un todo, y no a rescatar únicamente sus planteamientos. Es así porque los problemas artísticos no poseen una pertinencia que sea equivalente a los problemas que presenta la realidad no artística; por tanto, en arte, un conflicto mal resuelto anula al mismo tiempo que la respuesta, la pregunta misma; la cual se torna, por lo general, carente de interés.

LA OBRA INCONCLUSA

Teóricamente existe otra posibilidad: la obra inconclusa. Una obra no terminada es una pregunta a la que sólo se ha respondido parcialmente. Esta parcialidad de la respuesta insinúa de algún modo la dirección en que podemos, como espectadores, completar la obra. En esta situación particular podemos hallar una indicación del artista hacia la solución o las soluciones posibles que nos permite especular sobre el resultado global. Es quizás esta posibilidad la más cercana a una movilización del espectador que lo sacuda de su pasividad.

De hecho existen ya variados experimentos de este tipo. Hay formas de teatro en las que los espectadores contribuyen al desarrollo y desenlace de la trama. El alcance de estos experimentos es todavía limitado debido a los arraigados hábitos de pasividad, pero nos sugiere que existen formas de hacer explotar los roles fijos tradicionales de artistas y público mediante la proposición de obras abiertas. En este contexto, una obra abierta tendría sus límites en el nivel formal; pues si bien es cierto que en dichas formas de teatro el espectador participa activamente en el completamiento de la obra, sólo lo puede hacer actuando más sobre la trama que sobre la forma poética. De este modo, el problema planteado en un principio sigue irresuelto, pues aquí no se ha puesto en duda que se puedan canalizar todo tipo de mensajes a través del arte y, por supuesto, incluso mensajes subversivos.

El arte: ¿máquina o herramienta?

El problema es complejo porque si lo que queremos saber es si el arte puede cambiar el mundo, hay que analizar primero qué tipo de relación guarda la forma artística con sus contenidos temáticos. Para abordar este problema podemos elegir un recurso metodológico: observar el caso de la música en donde no existen propiamente contenidos temáticos y deducir si el puro juego formal basta para inducir cambios en la concepción del mundo de quienes la consumen. Sin negar que la música pueda inducir cambios en la percepción de la realidad, se puede observar que estos cambios no suelen poseer una dirección unívoca: en la medida en que las preferencias musicales no son siempre el correlato de precisas ideologías, se puede decir que la esfera de las formas puras es ajena a una específica concepción del mundo (se puede estar en la extrema derecha o en la extrema izquierda del espectro político y amar apasionadamente la música de Mozart).

Esto nos conduce de lleno a la relación entre arte e ideología: ¿Son las formas poéticas transmisoras de un mensaje ideológico o son canales neutros por los que puede correr cualquier tipo de mensaje? Al igual que lo silogismos en la lógica, ¿el arte proporciona "recipientes" susceptibles de ser llenados con contenidos heterogéneos? Si la respuesta fuese afirmativa, el problema quedaría resuelto y sólo faltaría saber si los "continentes" o "formas" actúan de un modo indirecto sobre los "contenidos"; problema equivalente al de si los silogismos tienen algún tipo de influencia sobre el sentido del pensamiento que se enuncia en ellos. En otras palabras, ¿es todo lenguaje una "herramienta" o es una "máquina"? Si es una herramienta se puede utilizar para decir casi cualquier cosa; si es una máquina, no se pueden producir con ella más que productos predeterminados.

Proponemos una hipótesis: los lenguajes son herramientas/máquinas; al mismo tiempo que el sistema de una lengua condiciona el texto, éste actúa sobre la lengua. La producción de "textos" sería, por tanto, un juego dialéctico que reproduce y altera a la vez su fuente sistémica.

Es evidente que si el lenguaje fuese solamente una "máquina", habría un límite de lo expresable, es decir, no existiría posibilidad de evolución, lo cual sería históricamente falso. El lenguaje ha evolucionado y sigue evolucionando por la necesidad de expresar no sólo nuevos contenidos, sino también dándole nueva forma a los anteriores.

Por otro lado, si el lenguaje fuese sólo una "herramienta", estaría incapacitado para estructurar inteligiblemente y dar continuidad al significado de todo discurso. En tanto que estructura, el lenguaje es "máquina", mientras que la transgresión, la desviación de la regla que permite la renovación del lenguaje le da su carácter de "herramienta".

Ahora bien, si el lenguaje es una herramienta/máquina, podemos decir que sólo aquellos discursos en los que se aplica este doble carácter de la producción de significados, pueden superar su dimensión ideológica. Esta superación se hace posible mediante la dislocación de la estructura del código y, por tanto, como trascendencia sobre el contenido.

En el arte se pueden dar estas formas de superación de los "contenidos". Una vez que un discurso va más allá de una mera reproducción de la estructura del código, se crean condiciones modificantes que tienden a alterar la percepción de la realidad entera; lo dicho deja de poseer rasgos puramente ideológicos (reproductores del orden).

La potencialidad modificante de un texto poético consiste en su capacidad de permitir que se derive de sus propuestas una reflexión que las trascienda. En este sentido, se trataría no tanto de arribar a la obra, sino de derivar de ella. No importa tanto qué cosa es la obra misma, sino hacia dónde nos conduce. Así, una lectura concentrada, es menos fértil que una lectura descentrada. Habría que abonar a favor de una obra todas las ideas y sensaciones a las que nos arroja y que no son parte de ella sino asociación libre y subjetiva de sus lectores, y, sin embargo, provocadas por la ruptura de las normas que haya cometido la obra.

Desde una perspectiva formal, el·arte estaría cargado con una ambivalencia: por un lado, poseería potencialidades desarticuladoras que se extenderían más allá de su propio ámbito; y, por el otro, su poder de apaciguamiento lo colocaría en favor de la estabilidad.

Sin embargo, el problema fundamental radica en las coyunturas históricas en las que una revolución en el arte pueda articularse con una revolución en el terreno social y político. Está probado que un compromiso abierto de los artistas con el cambio social no implica necesariamente una transformación progresista en el propio espacio del arte;

por el contrario, lo común ha sido que los artistas que intentan un compromiso con la revolución social, lo han hecho desde una plataforma "contenidista", temática, y acusando a toda preocupación formal como un interés decadente. Por su parte, los artistas que han querido colaborar desde su oficio a la transformación y desarrollo de la conciencia estética de modo paralelo a los cambios en la estructura de una sociedad, han acabado siendo excomulgados por los líderes de la nueva sociedad. Lo cual hace presumir que, por lo menos, en el arte se sospecha siempre un potencial subversivo (otra hipótesis: las revoluciones no reprimieron al arte y lo que éste produjo oficialmente durante la época de apogeo fue un fiel reflejo del significado último de estas transformaciones, más políticas que sociales; transformaciones que se dieron sólo en la superficie y no en el fondo de la sociedad. El arte, pues, habría expresado nítidamente en su defección, el fracaso de la revolución).

Así como en la obra particular vimos que se da una prospectiva del artista, es decir, una respuesta a un conflicto y la emergencia de una nueva proposición, el arte, tomado en su conjunto expone los contenidos existenciales de una sociedad tanto como propone nuevas alternativas y nuevos interrogantes. La cultura en general actúa del mismo modo: expresa una relación de los hombres con el mundo y, al mismo tiempo, indica un proyecto de reconstrucción social. Este proyecto no es, por supuesto, homogéneo: el arte y la cultura son también un campo de batalla en donde los diferentes grupos que componen una sociedad intentan imponer sus específicas concepciones del mundo. Por no estar regido el arte por una gramática más o menos transparente semejante a la de las ideologías —el arte posee una opacidad debida a la flexibilidad y ambigüedad de códigos— se dificulta la traducción obvia y unívoca de sus contenidos políticos.

Por otra parte, en las obras de arte se pueden encontrar actitudes nostálgicas, resignación conformista o aspiraciones de movilidad ascendente, desinterés o compromiso social, es decir, toda una gama de intenciones conscientes e inconscientes que se mezclan y que en las obras formalmente más complejas aparecen veladas y demasiado abstractamente formuladas. Es por esto que se debe tener demasiada cautela con la lectura "ideológica" de una obra; en numerosas ocasiones un tema "comprometido" está envuelto en soluciones formales conformistas, manifestando un mensaje ambivalente, cuyo análisis puede conducir a juicios paradójicos.

LA LÓGICA DEL "DESATINO"

Lo específicamente emotivo en la obra de arte deriva de un "desatino", de una violación a las reglas de la lógica. Nuestra relación con la gramática y con todo sistema regulado de normas es ambivalente: nos reprimen y al mismo tiempo no podemos manejarnos sin ellos. En la experiencia emotiva (no intelectual) del arte, se expresa la resolución de esta ambivalencia mediante la descarga de la energía reprimida. Al igual que frente al chiste se da una liberación de las tensiones producidas por la restricción que la lógica impone constantemente a nuestro pensamiento, en el arte encontramos, por debajo de las apariencias, una "lógica del desatino" opuesta a la lógica rigurosa del lenguaje gramatical. El placer que produce el "desatino", tanto en el chiste como en la obra de arte, es la revancha que la zona reprimida de nuestro yo toma contra nuestra conciencia lúcida. Dicho sea de paso, la lucidez encarna usualmente el apego a la norma, el respeto a las reglas y convenciones de la lógica.

En otras palabras, el enigma que plantea la emoción en la estética es tal precisamente por la imposibilidad de descifrar racionalmente lo que no posee una estructura racional. Es más, si es que lo inconsciente posee una estructura, ésta, seguramente, no se encuentra ordenada bajo las mismas reglas que el lenguaje verbal. Basta con observar la "lógica" de los sueños para percibir que en ellos los acontecimientos —que no son sino una superposición de deseos— se ordenan y reiteran mediante asociaciones metonímicas y sin ningún respeto a la coherencia gramatical. Y si bien el psicoanálisis es capaz de encontrar un sentido latente detrás de la "anarquía" del contenido manifiesto, lo logra aboliendo la poesía, es decir, ignorando la forma propiamente creativa e individual de la representación onírica: la figura icónica del deseo. Otra vez, encontramos aquí la imposibilidad de abordar y traducir racionalmente la "apariencia" del sueño (equivalente a la dificultad de un análisis racional de la "apariencia" en la obra de arte). Descubrir la pulsión, el deseo arcaico que anima la creatividad es una exigencia del psicoanálisis porque lo que éste busca es desenmascarar el discurso onírico y revelar su génesis pulsional. Pero en el arte este tipo de interpretación carece de sentido, puesto que el sentido no estriba allí en la causa sino en su coartada. Así que, mientras que el psicoanálisis ve en la poesía la coartada del deseo, el arte ve en el deseo la coartada de la poesía. En otras palabras, lo que en arte es presentación, en psicoanálisis es sólo representación.

El psicoanálisis pretende restaurar un sentido original a partir de la interpretación de la investidura del deseo que concibe como pulsión enmascarada. Estamos frente a una hermenéutica que intenta descifrar el mito traduciéndolo a una semántica del deseo. En cambio, desde el punto de vista del arte, las "formas", las "apariencias" no restauran ningún sentido original que sea relevante a sus fines, sino, más bien, lo instauran. Las "formas" en el arte son la respuesta de lo específicamente imaginario —irreductible a cualquier otra instancia social o psicológica— a la emergencia del deseo. Y si no es concebible la existencia de la poesía sin la previa existencia del deseo, ningún deseo puede dar, por sí mismo, forma a la poesía. Esto es, el repertorio de pulsiones es monótono y limitado; en cambio, las formas en que estos pueden ser representados son ilimitadas.

Si el sueño es, en cierto modo, una presentación-representación, debe ser, al mismo tiempo, una superación del deseo, porque la elaboración onírica modela a la demanda bruta de la pulsión con una iconografía en la que lo imaginario no sólo escucha, sino también responde. Desde esta perspectiva, la distinción que hace Paul Ricoeur entre sueño y arte —el primero retrospectivo, el segundo prospectivo— resulta inadecuada. El sueño no es sólo presentación de un conflicto, sino también respuesta a éste. El sueño gratifica y apacigua al deseo porque no sólo muestra la pulsión, sino que, al igual que el arte, responde también, a su manera, a ella. El sueño satisface, aunque sea mediante una realización ilusoria, la necesidad de desinhibir al deseo. Para el psicoanalista debería ser igual de importante rastrear el origen pulsional del sueño como analizar la forma en que la imaginación inconsciente le hace frente.

ARTE, TAUTOLOGÍA Y MUERTE

Cuando expresamos el mundo a través del dibujo estamos describiendo menos el mundo que el modo en que lo percibimos. El valor de un dibujo no estriba, pues, en su correspondencia con el objeto real que expresa, sino en su coherencia interna. El mérito de una pintura no puede ser medido jamás por su "aproximación a lo real", porque lo "real" (en sentido simbólico y aun físico) es sólo una ficción cultural.

La verdad del arte es tautológica. Su validez no se mide frente al mundo que es en sí un conjunto indiferenciado de hechos, sino frente a él mismo, esto es, en función de su "lógica" interna. Mediante el arte se puede expresar, no el mundo, sino una relación específica con el mundo. Esto significa que en el arte el acento está puesto, no en la realidad, no en el artista, sino en el carácter especial de esta relación, en aquello que los vincula. El modo en que yo me relaciono con el entorno es el resultado de la manera en que éste me afecta y de mi propia respuesta.

Enfatizar lo vivencial de la experiencia artística es necesario para oponerlo a la visión meramente objetivista de lo real. El artista está obligado a manejarse en el mundo desenmascarando los objetos como si debajo de su superficie se escondiera la verdad; pero no la verdad del objeto —los objetos no poseen ninguna verdad— sino la del sujeto. "Toda percepción de una cosa, de una forma, toda constancia perceptiva, dice Merleau-Ponty, remite a la posición de un mundo y de un sistema de experiencia en que mi

cuerpo y los fenómenos están rigurosamente vinculados".
Esto es, tanto el mundo como las cosas están, pues, siempre abiertos: remiten a más allá de sus manifestaciones y
nos prometen, por tanto, "alguna otra cosa que ver". El
mundo se encuentra abierto especialmente para una subjetividad lúcida y consciente de sí; desde esta perspectiva, "el
mundo no puede concebirse como una suma de cosas, ni
el tiempo como una suma de instantes, según el modelo
cartesiano: las cosas y los instantes pueden articularse justamente y formar un mundo sólo a través de aquel ser ambi-
guo que se llama subjetividad, porque no pueden presen-
tarse juntamente sino desde cierto punto de vista y según
una cierta intención".

La perspectiva existencial del arte que ilustra Merleau-
Ponty no es una verdad para todos y cada uno de los artistas. Existen quienes intentan alejar toda pasión del hecho
.artístico y que buscan un distanciamiento crítico e intelectual del mundo. En realidad un arte que se inspire en la
sensibilidad existencial demanda un compromiso emotivo
más que racional. "Para que percibamos las cosas, dice el
mismo Merleau-Ponty, es necesario que las vivamos". Hay
en este pensamiento, sin embargo, una demanda de exclusividad epistemológica, de verdad absoluta: sólo es verdadero lo que experimentamos cuando nos comprometemos
con el mundo, el compromiso incluye básicamente nuestro
cuerpo: "Percibo con el cuerpo", subraya Merleau-Ponty.
Esto es, no existen verdades contemplativas. Por su parte
Eugenio Trías en su *Tratado de la pasión* señala: "Hay conocimiento cuando se produce un singular entrecruzamiento
entre la cosa y el sujeto receptivo (receptivo pasional, nunca pasivo). Hay conocimiento cuando el sujeto sufre una
incisión de la cosa, o cuando ésta es expresada por el sujeto de tal manera que éste alcanza a restituir en ella lo que
tiene de insobornable e irreductible, más allá de su aparecer habitual, trillado, establecido y dado".

Siguiendo estas premisas, se deduce que no se puede
hacer arte intenso sin desgarramiento; a través de las heri-

das que el mundo nos hace es como lo entendemos. El mismo Trías opone el sufrimiento al dolor advirtiendo que "dolor es la afección que adviene cuando se deja de sufrir o padecer" y por ello "el dolor máximo adviene cuando se deja absolutamente de sufrir. Sobreviene entonces acedia, forma extrema de pereza, *spleen*, tedio vital. De hecho, dolor y tedio son la misma cosa. O el tedio es la forma expresa del dolor". Sin embargo, el goce es también un medio propicio de aprehender el mundo, cuando este goce deriva, no de una ingenua felicidad laxa, sino de un arrojarse, con los riesgos que esto implica, a la sensualidad desinhibida, al abrazo apasionado a un mundo que no sea abstracción, sino selección concreta, arbitraria, caprichosa, de sus objetos. Amar las cosas es discriminar entre objetos; decir sí a unos y no a otros. Ante la imposibilidad de amar a todos los hombres he de elegir a unos cuantos; ante la imposibilidad de amar todas las cosas elijo unas pocas. Amar las cosas se traduce en conocerlas, conocerlas en sentido bíblico significa poseerlas. Por supuesto no se trata de ser "propietario" sino de ser poseído. Poseer y ser poseído son aquí la misma cosa. Cuando digo que poseo el recuerdo de una frase de Borges, lo que estoy diciendo, al mismo tiempo, es que la frase de Borges me posee a mí. Cuando miro un objeto distraídamente no lo poseo; éste pasa a ser mío sólo cuando soy capaz de encontrar en él lo que nadie sino yo puede descubrir: este vínculo que se encuentra debajo de una apariencia de banalidad. "La naturaleza está en mi interior" decía Cezanne y así sintetizaba la idea de que no existe lo real sino como resultado de una experiencia vivencial. Y si la naturaleza tiene que pasar por nuestro cuerpo para significar y hacerse real, la hoja de un árbol es tan banal como la bóveda celeste, o una y otra son igual de relevantes.

En el concepto de banalidad se esconde una significación vasta y vital para el artista. El artista no jerarquiza los objetos en función de su utilidad práctica, de su valor material, o de su "belleza" siquiera. Para el pintor no debe existir diferencia entre un cabello y el ojo. Lo que hace importante una cosa para el artista es lo que él puede descubrir en ella. Por lo general es más útil tomar un asunto banal y señalar su compleja potencialidad de significaciones ocultas que destacar la relevancia de algo que ya se encuentra ampliamente aceptado como importante.

Cuando alguien hace un dibujo no está consciente por lo general de que opera una selección arbitraria de los detalles que podemos observar en un objeto cualquiera. Esta arbitrariedad no es en sí misma incorrecta, pues a fin de cuentas no existe otra posibilidad de percibir la realidad sino mediante la selección de sus partes. Lo que sí puede tener consecuencias determinantes es el criterio con que operamos tal selección. Si, por ejemplo, utilizamos una jerarquización biológica a la hora de dibujar un rostro, veremos la línea que enmarca los ojos, los contornos de la nariz y la boca, pero ignoraremos los espacios cubiertos de figuras abstractas que median entre estos órganos y que aparecen a nuestra conciencia sólo como un telón de fondo neutro, delante del cual los elementos verdaderamente importantes se destacan. Este es sólo un ejemplo de la manera viciada en que nuestro entendimiento bloquea nuestra visión: vemos sólo lo que comprendemos, lo que lleva un nombre. Pero más allá de esta evidencia de lo real que para nosotros representan los órganos vitales, se alza un fondo prolijo y denso que si se observa detenidamente es capaz de provocar una cascada de formas inéditas cargadas de significaciones visuales intensas, frente a las cuales —y esto es lo más importante— nuestro espacio de interpretación subjetiva se amplía infinitamente, pues la ambigüedad de estos planos, no codificados tan sistemáticamente como lo han sido los elementos arquetípicos: ojos, nariz y boca, despierta a la imaginación campos totalmente inexplorados que se dan de manera única a cada uno de nosotros y sólo por un momento.

La pintura, el tiempo y la muerte

La pintura del Renacimiento introdujo la temporalidad. Antes de ella, los objetos y las personas se sentían ubicadas en un espacio infinito y en un tiempo eterno. La luz que bañaba a las figuras no procedía de ningún lugar en particular; y las proporciones se ordenaban en función de la jerarquía de los personajes representados. La pintura del Renacimiento introdujo a la vez que una perspectiva geométrica, una iluminación lógica, de modo que los personajes, al tiempo que poseen gestos casuales, se ven como sorprendidos por una cámara instantánea en un momento específico. De este modo, la pintura ya no ilustra la ingravidez de la teología, sino la temporalidad terrena de los hombres. Pero si este cambio introdujo la fugacidad del tiempo en el cuadro, el proceso del artista siguió sujeto a la intemporalidad. Una vez que el pintor elegía el instante que quería retratar y lo proyectaba en la tela, su trabajo casi se limitaba a reproducir día con día el objeto con fidelidad en todos sus detalles. Esta parte del trabajo se convertía en una aplicación rigurosa de la idea inicial.

Cierta pintura de nuestros días se ha tratado de liberar de la intemporalidad imprimiendo, no a sus temas sino al proceso mismo de pintar, una inmediatez que refleja la necesidad de fijar lo irrepetible, lo que sucede una sola vez (y que visto en el contexto de un tiempo infinito se encuentra en su centro, pues todos los momentos son el centro). Rescatar lo efímero del instante ("Detente —decía Goethe al instante— ¡qué hermoso eres!") es la vocación de un arte que siente sobre sí la inexorable fatalidad de la muerte. El pintor que se atiene a la inmediatez de lo dado no busca tanto perpetuarse como perpetuar lo huidizo de la vida. Si se pinta el instante con la fuerza de una vivencia irreemplazable, se crea la ilusión de inmortalidad. Un instante que tiende a evanescerse, a disiparse en la nada y que es capturado en un gesto fugaz de la voluntad creativa, resume la negativa a dejar de ser. Por más que se sepa que al fin todo ha de desaparecer, la vivencia de un acto creador que expresa el aquí y el ahora, produce una especie de "sentimiento oceánico" que niega, cuando menos en el centro de esos momentos privilegiados, la mortalidad del yo. Platón tradujo este sentimiento de un modo más poético que filosófico al decir que el tiempo es "la imagen móvil de la eternidad". Cuando mi voluntad y el mundo están en armonía, dice Wittgenstein, vivo en el presente y "para la vida en el presente no hay muerte".

Por otra parte, es innegable que la idea de la muerte ronda todos y cada uno de nuestros actos, cómo no va a estar entonces presente en el acto creador. André Gide dice en *Los alimentos terrestres*: "...yo no trataría de hacer nada si se me dijese, si se me mostrase que tengo el tiempo para hacerlo. Descansaría antes de haber querido comenzar una cosa si tuviera tiempo de hacer todas las otras. Lo que haría no sería nunca cualquier cosa, si no supiese que esta forma de vida debe terminar, y que habiéndola vivido descansaré de ella en un sueño un poco más profundo, un poco más olvidadizo, que el que espero de cada noche". Esto nos conduce a colocar el tema de la muerte, o el de la vida, que es lo mismo, en un primer plano. El arte posee una manera no evasiva de negar la muerte. Podemos tratar de entender el proceso creador como un "ser para la muerte", de acuerdo con el pensamiento de Heidegger. Según éste, la comprensión del vivir para la muerte significa aceptar la imposibilidad de la existencia. O, dicho de otra manera, la existencia auténtica, se constituye esencialmente por la asunción de la única posibilidad propia y cierta, la muerte. Pero esta comprensión va acompañada por una tonalidad afectiva, que es la angustia. La angustia es el motor de un ser auténtico ya que lleva a una acción que si bien no niega la muerte, sí afirma la vida.

Puesto en otros términos: si negamos la muerte, ella sigue presente, pero como negación de la vida; si afirmamos la muerte, sigue presente pero como afirmación de la vida. Porque la huida de la conciencia de la muerte no es huida de la muerte, sino de la vida.

¿Qué tiene que ver todo esto con el proceso creativo? Si al ejercer la voluntad creativa la conciencia de la muerte está presente, lo que se hace ya no es —forzosamente— cualquier cosa. En la medida en que aceptamos que caminamos indefectiblemente hacia la muerte, nuestro presente tiene que modelarse en función de esa inexorabilidad. Un presente sin conciencia de "ser para la muerte" es, según Heidegger, un presente inauténtico: "Es la unidad de olvido y de esperanza, en la cual se funda la existencia cotidiana como rutina insignificante de días que se suceden el uno al otro hasta el infinito". Heidegger contrapone al presente inauténtico el presente auténtico del instante. Heidegger toma la noción de instante de Kierkegaard, quien se había valido de ella para designar la irrupción paradójica de la eternidad en el tiempo. No deja de ser apropiado señalar en este lugar el carácter escatológico de todo acto creador. Según Victor Massú, el rostro de lo eterno se asoma a través de las obras de la cultura humana y cualquier experiencia creadora puede distenderse y alcanzar aquella dimensión que Bultman sólo atribuyó a la experiencia religiosa. "Infinitas experiencias calladas, el heroísmo, la vivencia moral, el sacrificio, la humillación y el silencio, por ejemplo, pueden ser caminos de transfiguración del instante en presente eterno".

Es, pues, el instante el punto donde se encuentran la angustia de la certidumbre de la muerte por un lado y por el otro una promesa ebria de eternidad. El artista que se encuentra comprometido afectivamente con el mundo no hará necesariamente obras maestras (para eso se necesita algo más), pero sí obras auténticas y únicas. La autenticidad tiene dos caras positivas: una es el innegable interés que despierta cada alma humana cuando nos habla desde sí misma; la otra cara es la experiencia subjetiva plena de intensidad que vive quien lucha por objetivar su propia visión de la vida en la particularidad de un espacio y en la singularidad de un instante. La perfección, decía Wittgenstein, es el encuentro con uno mismo; el estilo revela el rostro del hombre que escribe, y "si uno no tiene voluntad de saber lo que uno es, entonces la escritura es una forma de engaño". Lo que aquí se dice de la escritura es común a toda forma de arte, "si alguien carece de voluntad de descender al interior de sí mismo, porque ello le resulta demasiado doloroso, será superficial en su escritura", es la conclusión de Wittgenstein. Lo que no dice Wittgenstein es algo que puede ser aún más grave, probablemente lo superficial no se confine sólo a la escritura.

ARTE Y ORIGINALIDAD

Se dice que el valor real de una obra de arte se prueba en su capacidad de soportar el paso del tiempo, de poder ser apreciada por otros que sus contemporáneos. El tiempo, se supone, se encarga de colocar en el lugar que se merece cada obra. Esto significa que aquellas obras apreciadas por el público de la época en que fueron producidas y luego caen en el olvido, fueron deficientes de algún modo, y que su aceptación positiva se debió a la carencia de una comprensión perspicaz por parte del público. En otras palabras, se cree que el significado de una obra de arte debe trascender el ámbito donde nació, tanto espacial como temporalmente, para justificar sus méritos. En cambio, se piensa que por más que una obra haya expresado adecuadamente —lo cual sólo puede juzgarse desde una perspectiva sociológica— la sensibilidad y cosmovisión de un grupo particular, si no tiene nada que decir a extraños, no sólo queda relativizada su validez artística, sino, de algún modo, es anulada.

Por otra parte, se ha establecido que el criterio valorativo de una obra de arte está en sus cualidades transgresoras, es decir, en la manera en que ésta transforma el lenguaje preexistente. Una obra vale, pues, por sus innovaciones básicamente formales. Una obra cuya presencia no añade nada al código formal de la rama del arte de que se trate es desdeñada. En concursos y bienales, por ejemplo, lo que se premia generalmente son las cualidades innovadoras, las audacias formales.

Por su parte, las vanguardias se dedican a explotar esta inclinación a estimar la obra de arte en función de los aspectos inéditos que presente en la composición, en la técnica, en los materiales, etc. Existe poco aprecio por aquellas obras que hablan en una lengua conocida, independientemente de si a través de ellas se ilumina un aspecto desconocido de nuestra realidad o de nuestra sensibilidad.

Me gustaría ejemplificar con casos particulares lo que aquí se ha expuesto.

Tomemos, por un lado, el caso del pintor francés Marcel Duchamp, y por el otro, al pintor austríaco Gustav Klimt.

Duchamp, se sabe, incidió como pocos en la historia del arte moderno; su actitud iconoclasta revolucionó la visión estética de nuestro siglo; nos enseñó que la obra de arte es, antes que nada, una propuesta conceptual y que al artista le basta "señalar" un objeto para desencadenar sus potencialidades expresivas. La historia del arte sería otra si extrajéramos la obra de Duchamp; otros serían seguramente los derroteros que esta historia habría tomado. La propuesta de Duchamp, pues, cumple con todos los certificados que se demandan para ingresar con honores en la historia del arte.

Veamos ahora el caso de Gustav Klimt. No se trata de un artista revolucionario en absoluto, su pintura se inscribe, a pesar de su singularidad visual, en la figuración tradicional. Los críticos pueden exaltar la fineza aristocrática de su trazo, la fluidez colorística, la abigarrada y a veces arbitraria elaboración de sus fondos pletóricos de diseños barrocos, así como también la aguda sensibilidad de sus contornos, entre otras tantas virtudes. En fin, no sería difícil encontrar mil y un méritos en la obra de Klimt para justificar el aprecio que su obra suscitó y sigue suscitando. Sin embargo, se puede decir que la historia del arte, entendida no como una luminosa lista de figuras célebres, sino como sucesión de hallazgos y revelaciones formales, o como proceso de renovación dialéctica de sus lenguajes, no ha sido notoriamente afectada por la obra de Klimt.

El contraponer dos figuras como las anteriores no lleva la intención de probar que un camino es mejor que el otro, que uno de estos artistas es mejor que el otro; esas comparaciones siempre han sido impropias: un artista no puede medirse frente a otro más que en términos de popularidad, del valor de sus obras en el mercado del arte, de la cantidad de líneas dedicadas en las antologías, o cualquiera otra medida arbitraria ajena al espíritu de la singularidad creadora. Si se confrontan aquí es sólo para facilitar la exposición de una tesis, y nada más.

En la medida en que pocas serían las voces respetables que podrían impugnar la preponderancia que debe tener la aportación innovadora por sobre la simple expresión de una sensibilidad subjetiva, original en sus modos mas no en el lenguaje, intentaremos hacer la defensa de esta cualidad un tanto despreciada por la modernidad, y que caracteriza a no pocos grandes artistas.

Cuando el público logra entender lo que quiso decir Duchamp con la exhibición del urinario, la rueda de bicicleta o el escurrebotellas, su experiencia se enriquece y su percepción del arte y del mundo se transforma. Pero estas propuestas, una vez asimiladas, no pueden renovarse. La paradoja de toda novedad es que sólo una vez puede ser nueva y al minuto siguiente deja de serlo. Es por eso que a pesar de que Duchamp trastorna nuestros hábitos estéticos, su obra física se nos vuelve prescindible. Se puede decir que para asimilar el mensaje estético de Duchamp no necesitamos conocer físicamente su obra: basta con que nos la platiquen. Es una ironía para un artista plástico que su obra entre por los oídos más que por los ojos.

En Klimt nos encontramos en las antípodas: su obra está hecha para ser vista y re-vista. Ningún poeta podría transmitirnos lo que sólo nuestros ojos pueden captar en la obra de Klimt, ninguna descripción podría suplir su presencia.

Como dijimos ya, aquí no se plantea el dilema: o Duchamp o Klimt. No se trata de hacerlos competir como galgos en la pista de los méritos estéticos. Sólo se intenta probar que existe un cierto tipo de artistas (a todos los niveles), y una cierta clase de obra que se mantiene y se seguirá manteniendo en el semianonimato por carecer de los rasgos innovadores que los críticos han sobrevalorado siguiendo una tendencia general del pensamiento moderno, tendiendo a relegar todo lo demás.

Es cierto que la originalidad es fundamental en toda obra de arte importante, pero también debe ser igualmente cierto que la originalidad no debe ser confundida con la novedad. Novedad y originalidad son dos términos intercambiables que han creado no pocas confusiones en el campo del arte. Pero en realidad se puede ser original sin ser novedoso, aunque no se pueda ser novedoso sin ser original. La originalidad que se esconde en una expresión no novedosa, es la originalidad de un ser en su particularidad. Alguien puede utilizar como vehículo un lenguaje conocido —un código visual más o menos tradicional— y decir cosas que nadie más puede decir. Milan Kundera dice en su *Arte de la novela*, citando a Hermann Broch, que: "descubrir lo que sólo una novela puede descubrir es la única razón de una novela", y Kundera añade: "la novela que no descubre una parte hasta entonces desconocida de la existencia es inmoral". Algo semejante podría decirse de un cuadro. Descubrir una parte desconocida de la existencia lo puede hacer la literatura que trabaja con palabras; para aquellos que trabajan con líneas y colores la finalidad es similar: mostrar desde su singular situación cómo se percibe el mundo a través de sus materiales. Siempre que una voz hable desde sí misma va a mostrar algo original. Porque la unicidad de cada ser en el mundo lo sitúa privilegiadamente para hablar y decir cosas importantes para los demás, siempre y cuando su voz sea sincera. Lo más superficial de un hombre son sus opiniones —decía Rubert de Ventós; en arte, las "opiniones" son las voces de los otros, las influencias mal asimiladas, la obnubilación por ciertos estilos exitosos, o la búsqueda a ultranza de un estilo propio, en fin, los infinitos prejuicios que impiden emerger lo personal por considerarlo irrelevante.

Y aunque es evidente que es imposible hacer una buena obra de arte con sólo buenos sentimientos y manifiesta sinceridad, en la medida en que reconozcamos nuestra viciosa tendencia hacia la impostura, nos hallaremos en el camino hacia una reconciliación fructífera con aquella parte de nosotros que, aunque modesta, sólo nosotros podemos ofrecer y nadie más. Es fácil observar cómo la línea del más neófito de los dibujantes adquiere un no se sabe qué de expresivo con sólo abandonarse a su propio impulso y temperamento.

En la literatura, el caso de Kafka ilustra perfectamente lo dicho. El carácter "profético" de la obra de Kafka es de ningún modo intencional: Kafka no intentó describir el futuro de la sociedad burocrática y/o totalitaria, sólo expresó lo que él sentía y pensaba. Al hacer una introspección aguda y profunda de sus sentimientos personales frente al mundo (mundo familiar según unos, mundo sentimental amoroso según otros y mundo oficinesco según otros más), logró reflejar algo más que sus propios problemas. Al describir minuciosamente su personal microcosmos iluminó un espacio hasta entonces desconocido del macrocosmos social, al tiempo que permitió a cada uno de nosotros en lo particular, percibir un eco de nuestras propias angustias y tribulaciones.

Joyce hizo mucho más que Kafka para modificar la literatura del siglo XX; Joyce revolucionó la escritura y por eso influyó de algún modo en casi todos los escritores que le sucedieron. Kafka no dejó discípulos y los que trataron de imitarlo sólo produjeron una obra pobre y artificiosa. A Joyce se le puede imitar porque sus virtudes son básicamente formales; imitar la literatura de Kafka es intentar ser Kafka, ver el mundo como sólo él lo pudo ver.

En síntesis, hay dos clases de artistas valiosos, los que reforman nuestros hábitos estéticos y los que, sin utilizar nuevos recursos, nos dicen algo nuevo de nosotros mismos, del mundo y del lenguaje artístico mismo.

LAS PARADOJAS DEL RETRATO

Es extraño, pero hacer un retrato, observando el juego abstracto de configuraciones accidentales ofrecidas por la interacción de luz y sombras, nos puede conducir a una forma de conocimiento de la individualidad del modelo. Pareciera ser, a simple vista que lo contrario fuera lo cierto: que sólo aquello que es permanente en el modelo debiera ser observado si de captar lo individual se trata. Mi opinión es que la técnica indirecta, o sea aquella que presta atención a lo incidental, está mejor pertrechada para captar lo particular. ¿Por qué? Simplemente porque no existe manera de percibir los objetos más que bajo circunstancias específicas y la luz es la principal de ellas. Atendiendo a lo que comunica cada uno de los aspectos del claroscuro o del color vamos integrando paulatinamente una visión global del objeto que lo presenta en su cruda circunstancialidad. La semejanza con el modelo no puede ser alcanzada directamente a través de la visión global de la forma, sino, por decirlo de algún modo, llegando por la puerta trasera. La paradoja estriba en que es necesario enfriar la mirada, deshumanizarla, convirtiendo al modelo en un objeto abstracto y fragmentado para poder representarlo como imagen llena de vida. En otras palabras, la personalidad está hecha de retazos de luz.

Aún más, a la necesidad de observar lo variable antes que lo constante y fijo debe ser sumada nuestra propia "accidentalidad", es decir nuestra específica situación, nuestro humor, nuestra particular disposición frente al modelo, para así poder realizar una obra que testimonie lo insólito.

Permítaseme ilustrar esta tesis con una anécdota: estando en Israel en 1987 dediqué varias sesiones de trabajo a hacer retratos de la gente que estaba a mi alrededor. Un amigo, joven aficionado al dibujo y la escultura, juzgó que estos dibujos poseían un defecto específico: las pupilas de los ojos no tenían brillo. Por unos instantes argumentamos y él, al final, concluyó categóricamente: "el brillo existe aunque tú no lo veas".

Después de haber digerido un poco su tono impertinente, pues no correspondía a la diferencia que en su contra mostraban nuestras respectivas obras, reflexioné en sus palabras y llegué a la siguiente conclusión: es posible que efectivamente para mi desgracia, el brillo estaba ahí y yo no lo podía ver por falta de agudeza visual. ¿Qué podría significar ésto? ¿Que debería renunciar a representar la naturaleza porque mi percepción visual se estaba deteriorando? No, concluí. Había que convertir en ventaja la desventaja. Si mi vista empezaba a perder precisión, la solución no era tampoco pedir prestados otros ojos, sino mostrar únicamente lo que yo era capaz de ver. Ahora, menos que nunca, los esquemas son capaces de salvarme —pensé. Si mi trabajo puede tener algún valor es precisamente por ser auténtico, y ser auténtico es aceptar las propias limitaciones (obviamente me refiero a aquellas que son irreversibles). Así que, si quiero mostrar una visión personal de las cosas tengo que aceptarme tal cual soy. Y si no veo el brillo ahí donde los demás lo ven, no lo pongo; y si veo insólitas configuraciones de sombras y de luces contrastadas ahí donde los demás ven sólo una superficie apacible, estoy obligado a representarlas. Mi obra tiene que ser el producto de una percepción lo más particularizada posible, apoyada, para ser comunicable, en elementos que nos son comunes a la mayoría.

Mis dibujos son resultado pues, de una vista afectada por la miopía, por una serie de manías y obsesiones, por preferencias y fobias, por el amor y el odio que me despiertan las cosas; en fin, por lo que yo soy y por lo que los objetos y las personas significan para mí en este instante, expresado con lo que el material que esté usando me permita decir.

Para experimentar el mundo no poseemos más que nuestros sentidos y tendremos que escucharlos aunque muchas veces nos den "malos" consejos porque es el único modo de hacer saber a los demás la forma particular en que percibimos al mundo. Y si hay alguien que está dispuesto a escuchar, merece oír aquello que nadie sino sólo uno mismo puede decir. Por ejemplo, si mis retratos ofenden a menudo es porque a través de ellos muestro, no la "verdad" de lo que está detrás de las apariencias, sino la deformada subjetividad de alguien que encuentra en una mancha de sombra o en una luz fulgurante un placer voluptuoso y por tanto destaca impúdicamente un músculo o un hueso a costa del sacrificio cosmético de la apariencia.

Lo curioso es que detrás de este afán no existe una voluntad consciente de afear o distorsionar la realidad. No es el deseo de "criticar" al modelo. Por el contrario, son las ganas de rescatar lo más puro e inmediato: la apariencia efímera de una imagen que sólo aquí y ahora se puede dar y nunca más. En este instante y con esta luz junto con lo que el modelo me dice a mí, ahora.

Un razonamiento como éste podría quizás llegar a legitimar las mayores aberraciones ocultando toda clase de incapacidades artísticas. Sin embargo, a pesar de tener la conciencia de que existe tal peligro, poseo la arraigada convicción de que no vale la pena esforzarse por crear una obra, por más talentosa y finamente acabada que sea, si en ella no se expresa lo único e irrepetible, es decir, esta particular conjunción en un punto azaroso del tiempo y del espacio de un "haz de acontecimientos", eso que constituye finalmente nuestra frágil diferencia.

UNA TARDE EN TALPIOT

Casualmente me encuentro de pronto en una amplia plataforma en la cima de una montaña frente a la ciudad de Jerusalén. Son las 4:30 de la tarde, un precoz crepúsculo ha caído y va a anochecer en unos cuantos minutos. He llegado aquí traído por un recién conocido amigo jerosolimitano —al parecer un joven de los bajos fondos— quien nos ha conducido en su destartalado automóvil, con un manejar agresivo, displicente, sarcástico y de gran habilidad, haciendo que mis uñas de pies y manos se aferren a lo más inmediato, en un intento angustioso de conseguir un mínimo de seguridad ante el peligro al que nos lanza a mí y a otros dos compañeros.

Lo que parecía un mero momento de contemplación turística de las vistas que ofrece el lugar, se convierte de pronto en otra clase de gratificación adicional e inesperada. En un extremo de la plaza se encuentra una magra *troupeé* de equilibristas ambulantes. Nos acercamos a observar sus juegos rutinarios. Un muchacho malabarea con una especie de bolos. A su lado, un hombre con aspecto de gitano —trenza y gran bigote— se monta en un monociclo de unos tres metros de altura. Se planta en medio de la placita y se entretiene en pedalear hacia atrás y hacia adelante con el fin de mantener el equilibrio. Varios monociclos de diferentes tamaños descansan en el piso y algunos niños curiosean y tratan de montarlos. En un hebreo con notable acento sajón, el hombre de la trenza les grita y no alcanzo a entender si los regaña o incita a montarse en ellos. Una joven rubia de lentes se encuentra montada en un monociclo de la misma altura que el del hombre de la trenza, pero no se anima a soltarse de la escalera que le ha servido para encaramarse en él. El hombre de la trenza se acerca a ella en su monociclo, la toma de la mano y la anima a soltar la escalera. Después de unos momentos lo logra y tomados de la mano se lanzan a hacer un recorrido por toda la plaza que no es otra cosa que el estacionamiento del mirador.

El ocaso, la inesperada escena y la bella ciudad al fondo hacen de este momento una experiencia estética que excita mis sentidos. Me viene a la mente la idea de estar presenciando una escena felliniana. Y es cierto, desde el principio he vivido este momento como una alucinación, ¿por qué?

Parece que mis ojos han visto poesía ahí donde sólo transcurre una mera escena trivial. Esto ha sido posible porque para ver lo que he visto me he puesto una lente felliniana que me permite enmarcar en su poética trozos de vida común y experimentarlos estéticamente.

El hecho es que ha sido una experiencia auténtica y mi punto de partida, después de analizado, no me parece artificial o falso. Por el contrario, creo que eso es precisamente el arte: un modo específico de acercarnos a la realidad para observarla intencionadamente. La superposición de una "lente" felliniana no es un mero hecho diletante (como si lo es toda esta reflexión) y no quita validez a esta particular experiencia, ni anula su goce.

Cuando el hombre de la trenza bajó de su monociclo noté contrariado, sin saber por qué, que su estatura era muchísimo menor a la que parecía tener montado allí arriba, como un monarca sobre el fondo de nubes rosadas.

BIBLIOGRAFÍA

ABAGNANO, Nicolal, *Historia de la filosofía*, Montaneri Simón, Barcelona 1978.

AMIJAI, Yehuda, *Poemas escogidos*, Editorial Vuelta, México 1990.

BARTHES, Roland, *El placer del texto y lección inaugural*, Siglo XXI, México 1987.

BATAILLE, Georges, *La parte maldita*, Icaria, Barcelona 1987.

BAUDRILLARD, Jean, *Crítica de la economía política del signo*, Siglo XXI, México 1974.

BAUDRILLARD, Jean, *De la seducción*, Cátedra, Madrid 1986

BAUDRILLARD, Jean, *Cultura y simulacro*, Kairós, Barcelona 1987.

BAUDRILLARD, Jean, *El sistema de los objetos*, Siglo XXI, México 1987.

BENJAMIN, Walter, *Angelus novus*, Editorial Sur, Barcelona 1971.

BRUN, Jean, *La mano y el espíritu*, Fondo de Cultura Económica, México 1963.

BERGSON Henri, *La risa*, Espasa Calpe, Madrid 1973.

CANETTI, Elías, *Masa y poder*, Muchnik Editores, Barcelona 1981.

DUVIGNAUD, Jean, *El sacrificio inútil*, Fondo de Cultura Económica, México 1979.

ECO, Umberto, *Apocalípticos e integrados*, Lumen, Barcelona 1973.

EHRENZWEIG, Anton, *El orden oculto del arte*, Editorial Labor, Barcelona 1973.

EHRENZWEIG, Anton, *Psicoanálisis de la percepción artística*, Gustavo Gili, Barcelona 1976.

FELLMANN Ferdinand, *Fenomenología y expresionismo*, Editorial Alfa, Barcelona 1984.

FOUCAULT, Michel, *Las palabras y las cosas*, Siglo XXI, México 1985.

HAUSER Arnold, *Fundamentos de la sociología del arte*, Editorial Labor, Barcelona 1982.

Holz Heinz, Hans, *De la obra de arte a la mercancía*, Gustavo Gili, Barcelona 1979.

Jay Martin, *La imaginación dialéctica*, Taurus, Madrid 1986.

Kundera Milan, *El arte de la novela*, Editorial Vuelta, México 1968.

Levi-Strauss, Claude, *Arte, lenguaje y etnología*, Siglo XXI, México 1968.

Lyotard, Jean François, *La condición posmoderna*, Cátedra, Madrid.

Massuh, Víctor, *Páginas de Víctor Massuh*, Celta, Buenos Aires 1989.

Merleau-Ponty, Maurice, *El ojo y el espíritu*, Paidós, Barcelona 1986.

Popper, Karl, *La sociedad abierta y sus enemigos*, Paidós, Barcelona 1981.

Popper, Karl, *Conjeturas y refutaciones*, Paidós, Barcelona

Ricoeur, Paul, *Freud: una interpretación de la cultura*, Siglo XXI, México 1978.

Rifflet-Lemaire, Anika, *Lacan*, Hermes, México 1981.

Rubert de Ventós, Javier, *Teoría de la sensibilidad*, Península, Barcelona 1979.

Rubert de Ventós, Javier, *La estética y sus herejías*, Anagrama, Barcelona 1980.

Rubert de Ventós, Javier, *De la modernidad*, Península, Barcelona 1982.

Russell, Bertrand, *Escritos básicos I*, Planeta, Barcelona 1985.

Sartre, Jean Paul, *El ser y la nada*, Alianza Editorial, México 1986.

Shell, Marc, *Dinero, lenguaje y pensamiento*, Fondo de Cultura Económica, México 1985.

Sontag, Susan, *Contra la interpretación*, Seix Barral, Barcelona 1969.

Trías, Eugenio, *Tratado de la pasión*, Mondadori, Madrid 1988.

Van Gogh, Vincent, *Cartas a Theo*, Barral Editores, Barcelona 1971.

Wilde, Oscar, *Ensayos, artículos*, Hyspamérica Ediciones, Barcelona 1986.

ÍNDICE

PRÓLOGO. 9

PREFACIO DEL AUTOR.. 11

PRIMERA PARTE
HACIA UN ARTE EXISTENCIAL 19
   Del ser al proceder. 26
   Posibilidad de una ética narcista. 29
   Mi cuerpo como verdad. 31
   La libertad no es una fiesta. 35
   La lógica de lo inconsciente. 38
   La coerción de la palabra. 39
   El arte y lo incodificado. 42
   El discurso elíptico del arte. 43
   El *lapsus* en el arte. 44
   La seducción: molesto trámite. 48
   El hiperrealismo: una obscenidad. 50
   Apología del arte torpe.. 54
   Arte conceptual y sociedad industrial avanzada. . . . 57
   El cuerpo y la ideología. 61
   El arte como libertad alucinada.. 62
   El arte como detonador. 64
   El arte como experiencia modificante. 65
   La complacencia: una forma de alienación. . . . 67
   ¿La redundancia es el "estilo"?. 68
   El arte y la utopía. 70
   Van Gogh víctima del impresionismo. 72
   Por un arte des-integrado.. 76
   La ironía. 79
   El arte y la ironía.. 83
   Los modales de urbanidad en el arte. 85
   La verdad como transformación interna. 88

SEGUNDA PARTE
ARTE Y MONEDA. 93
   Todo consumo de objetos es consumo de significados. 95
   El desafío de Duchamp.. 98
   La firma: un valor/signo. 100

El valor de la firma. 102
El dinero "electrónico" y las creencias mágicas. . . . 104
La verdad y la moneda.. 109
La devaluación del hombre. 110
El pensamiento amonedado. 113
Verdades fiduciarias.. 114
El imperio de la gramática. 117
La verdad y las masas. 118
La lucha por la hegemonía. 122
La vigencia del "pequeño relato". 124
La realidad: un constructo. 126
El divorcio entre arte de vanguardia y público . . . 127
Acerca de la objetividad de los valores estéticos . . . 130

TERCERA PARTE: ENSAYOS VARIOS
EL ARTE Y EL DON 139
Modalidades de consumo conspicuo del arte 141
La "finalidad sin fin" del arte. 143
El "lujo" y la "necesidad". 144
La emoción como producto cultural. 146
Arte moderno, opacidad e interés.. 147
La libertad de lo inconsciente. 149
La crítica y la adjudicación de valores. 150
La realidad como espejo del genio. 152
Estética y utopía. 153
El amor inconspicuo.. 156
EL ARTE SOLUCIÓN DE UN CONFLICTO. 159
La obra inconclusa. 161
El arte: ¿máquina o herramienta?. 162
La lógica del "desatino". 166
ARTE, TAUTOLOGÍA Y MUERTE. 169
La pintura, el tiempo y la muerte.. 173
ARTE Y ORIGINALIDAD. 177
LAS PARADOJAS DEL RETRATO 183
UNA TARDE EN TALPIOT. 187

BIBLIOGRAFÍA. 189